Wildkräuter, Blüten, Beeren,
Früchte, Wurzeln

Kulinarische Geschenke aus der Natur

Ein Führer durch die Jahreszeiten

Usch von der Winden

Fotografiert von
Cornelia Renson

Edition
Fackelträger

Inhalt

Pflanzenporträts

Symbole

Auf einen Blick zu Standort, Heilwirkung und Verwendung in der Küche:

Standort 

Heilwirkung 

In der Küche 

Wildkräuter, Blüten, Beeren, Früchte und Wurzeln alle Jahreszeiten hindurch sammeln

Das Sammeln hat eine jahrtausendealte Tradition. Dabei ging es für die Menschen vergangener Tage ums Leben und Überleben. Wer in der Überlebenstechnik Sammeln gut war, überstand auch die kalten Zeiten. Als eine elementare Möglichkeit der Nahrungsbeschaffung ist das Sammeln in Vergessenheit geraten. Aber heute zieht es uns wieder verstärkt hinaus in die Natur, wo wir die Schätze, die uns frei zur Verfügung stehen, erleben; wir lernen erneut, mit Begeisterung zu sammeln, zu verarbeiten und unsere Ernte zu schmecken und zu genießen.

Die Natur schenkt reichlich und üppig – aber leider sind die Geschenke manchmal versteckt und nicht immer auf Anhieb zu finden. Es ist wie bei dem uns allen bekannten Ostereiersuchen: Die Augen müssen sich erst einmal daran gewöhnen, aber dann erkennen wir genügend Hinweise in der Natur, wo Kräuter, Beeren und andere Früchte wohl zu finden sein könnten. Neu an diesem handlichen Führer ist die Einteilung nach Jahreszeiten. So sieht jeder genau, was sich im Frühjahr zum Sammeln anbietet und sucht nicht im Herbst nach wilden Himbeeren!

Ich verrate viel Wissenswertes über Pflanzen, ihre Standorte, ihre Heilwirkung und ihre Verwendungsmöglichkeiten. Mit diesem Sammelführer im Korb kann jeder direkt vor Ort bestimmen:
Was ist das?
Wo und wann wächst es?
Wie schmeckt es?
Was tun wir damit in der Küche?
Wie hilft es?
Denn vor allem können wir unsere Küche mit den Produkten aus der Natur bereichern und verfeinern. Wilde Pflanzen punkten ungemein mit einer Vielfalt an Geschmacksrichtungen, die es aber erst wieder zu erkunden gilt – mit diesem Führer ausgerüstet kann es losgehen! Wie uns bei einem Spaziergang durch die Natur farbenfrohe Blüten oder überraschend geformte Blätter ins Auge fallen, so stoßen wir beim Durchblättern des Pflanzenführers auf Pflanzenporträts in lockerer Folge.
Ich wünsche allen viel Vergnügen am Erkunden, Bestimmen, Sammeln und Genießen.

Ihre

Usch von der Winden

Frühling

Giersch

Aegopodium podagraria

Schon im Mittelalter wurde der Giersch (auch Geißfuß oder Dreiblatt genannt) professionell als Gemüsepflanze in Klostergärten angebaut und kultiviert. Und noch viel früher mundete römischen Legionären der Geißfuß als wildes Gemüse. Wenn wir nun die alten Wildkräuter neu entdecken, kommt uns das über Jahrhunderte erworbene Wissen unserer Vorfahren zugute. Heutzutage allerdings stöhnt der »Kulturgärtner« über das wuchsfreudige Kraut und versucht verzweifelt, den Giersch aus dem heimischen Garten zu vertreiben. Warum stattdessen nicht aus der Not eine schmackhafte Tugend machen und den Giersch genießen!

Der Geißfuß begleitet uns das ganze Jahr hindurch. Er wächst immer wieder mit neuen Trieben nach und ist unermüdlich für unseren Kochtopf tätig. Gemeinsam mit der Brennnessel wetteifert er um unsere Gunst als zeitiger Frühlingsgesandter. Die ersten zarten Blättersprossen eignen sich für unsere Frühlingssalate besser als jede Petersilie aus dem Laden.

Gehackt in Quark, zusammen mit anderen Kräutern, entsteht die reinste Geschmacksexplosion. Und die filigranen Blütenknospen sind im Sommer nicht nur optisch eine Delikatesse, sondern auch noch zum Verzehr geeignet.

Später im Jahr verwendet man die fein gehackten Blätter der größeren Pflanzen als Würzkraut; deren nussig-pfeffrige Note gibt jeder Suppe oder jedem Eintopf den gewissen Pfiff.

Außer ungewollt in Gärten wächst der Giersch hauptsächlich in Laubwäldern, im Gebüsch, an Bachläufen und Hecken, wo die vielseitig verwendbare Pflanze eine schattige, etwas feuchte Lage bevorzugt.

Der Giersch punktet mit recht hohem Kaliumgehalt, Vitamin C, Flavonoiden, ätherischen Ölen und Kaffeesäure. Schon der alte Name Zipperleinskraut weist auf seine Heilwirkung bei Stoffwechselstörungen hin. Als Tee aus der getrockneten Pflanze zubereitet, hilft das Kraut gegen Gicht, Rheuma und Arthritis.
Praktisch auf Wanderungen: Äußerlich angewendet, lindert ein frisch zerquetschtes Giersch-Blatt rasch den Schmerz und die Rötung eines Insektenstiches.

Der Giersch oder Geißfuß ist ein ganzjähriger Begleiter für den Speiseplan. Im Frühjahr sind die jungen und frischen Blätter eine Vitaminbombe als Salatzugabe.
Im Sommer verleihen die Blüten einem Gericht ein zusätzlich würziges Aroma, ob auf dem Suppenspiegel oder auch als Top auf einem Salatbouquet.
Die größeren Blätter ersetzen bis in den späten Herbst fehlenden Spinat. Blanchiert, dann eventuell noch püriert und mit einem Schuss Sahne verfeinert, mit Salz und Pfeffer gewürzt, stellt der Giersch jedes Spinatgericht in den Schatten.

Der Giersch gesellt sich übrigens gern zur Brennnessel. Diese kulinarische Allianz erfreut stets den Gaumen!

Sammelzeit:

Von Mai bis August.
Mit neuen frischen Blättern bis in den Herbst.

Mein Tipp:

Die Blätter des Giersches erinnern sehr an die des Holunders, deshalb heißt er im süddeutschen Raum auch Erdholler. Die Gierschblätter verdanken dem Aufbau nach dem »Dreiblatt-System« auch ihren Namen »Dreiblatt«.

Sobald die Blätter größer und aromatischer geworden sind, ist ihr Einsatz als Würzmittel in der Küche gefragt. Durch den hohen Vitamin-C-Anteil punkten sie außer im Geschmack noch mehr in Sachen Gesundheit, und zwar noch mehr als die glatte Petersilie. Deshalb fleißig abschneiden und zum Würzen verwenden!

Löwenzahn

Taraxacum officinale

Das Durchsetzungsvermögen des Löwenzahns zeigte sich recht spät – dafür aber gewaltig. Heutzutage lässt er sich kaum mehr aufhalten. Schon Ende März, wenn die Sonne wärmer strahlt, lachen uns auf den Wiesen und Hängen gelbe Puderquasten fröhlich an, die uns im Mai als goldgelbe Blütenteppiche zum Staunen bringen. Und er weckt Kindheitserinnerungen: Fast jedes Mädchenhaar zierte wohl ein Blütenkranz aus Löwenzahn, und gar sportlich ging es zu beim Pusteblumen-Wettblasen.

Der Löwenzahn gehört heute zu den bekanntesten Wildkräutern. In früheren Zeiten jedoch war dem nicht so: Hildegard von Bingen, gut bewandert in der Naturküche, hat ihn als Heilpflanze nicht erwähnt; dass er essbar ist, muss ihr völlig unbekannt gewesen sein. Aber es gab ihn schon damals. Arabische Ärzte berichteten bereits im 11. Jahrhundert von der heilenden Wirkung des Löwenzahns. Ein weiterer Beweis für sein Vorkommen: Vor etwa 500 Jahren malte ihn Albrecht Dürer in einem seiner bekannten Aquarelle als Rasenmitbewohner.

Aber vor allem seine geschmackliche Variationsbreite ist nicht zu toppen, ganz gleich, ob nun Blatt, Knospe oder Wurzel verarbeitet werden.
Die frischen kleinen Blättchen geben dem ersten Frühlingssalat mit Ei eine würzige Komponente – sehr beliebt im österreichischen Raum. Die älteren Löwenzahn-Blätter mit etwas mehr Bitterstoffen werden traditionell zum Wildgemüse. Die gebleichten Blätter ohne Bitterstoffe, eher in Italien und Frankreich bekannt, sind auf jeder Gourmetspeisekarte als Salat zu finden. Im zeitigen Frühjahr sind erst die Knospen als falsche Kapern gefragt, später haben die Blüten ihre hohe Zeit in Honig und Gelees. Im Herbst erfreut die Wurzel – geschnitten und geröstet – unseren Gaumen mit ihrem außergewöhnlichen Geschmack.
Wichtig zu wissen: Der Löwenzahn ist völlig ungiftig. Die austretende Milch schmeckt allerdings extrem bitter und hinterlässt gemeine braune Flecken.

Auf stickstoffreichen Böden in sonniger Lage, auf Wiesen, Brachfeldern und an Wegesrändern.

Die Blätter enthalten viel Provitamin A, B und C, Mineralsalze, Gerb- und Bitterstoffe sowie ätherische Öle. Die Wurzeln bieten Inulin, eine für Diabetiker wertvolle Substanz, da sie deren Stoffwechsel nicht belastet. Löwenzahn hilft bei gestautem Stoffwechsel, wirkt blutreinigend und blutdrucksenkend.

Von den entwässernden Eigenschaften des Löwenzahns wussten bereits die Generationen vor uns und im Volksmund heißt das Kraut recht unverblümt »Bettpisser« (nach dem französischen Namen »Pis-en-lit«).

Der Löwenzahn steht dem Giersch an Küchentauglichkeit nicht nach! Schon im zeitigen Frühjahr sind die ersten Blättchen eine reichhaltige Vitaminkost. Frisch als Salat zubereitet hat der Löwenzahn eine feine Bitternote, die in Verbindung mit in Scheiben geschnittenen gekochten Kartoffeln ein Geschmackserlebnis darstellt. Die knallgelben Blütenblätter abgezupft und in Butter zerdrückt sind ebenfalls eine echte Gaumenfreude. Diese Blütenblätter, abgezupft, lassen sich gut einfrieren und vermitteln im Winter ein Sommergefühl.

Mein Tipp:

Aus den leuchtend gelben Blüten kann man ein wohlschmeckendes und dazu auch noch gesundes Gelee herstellen.

Etwa 3 Handvoll Blütenblätter in 1 l Wasser aufkochen, bis sich das Wasser gelb färbt. Danach alles durch ein Mulltuch sieben und zu dem Sud 500 g Zucker geben. 30 Minuten lang zu Gelee einkochen lassen. In Schraubgläser gefüllt hält sich das Gelee auf jeden Fall bis zur nächsten Ernte. Um das Gelieren zu erleichtern, können Sie auch Gelierzucker verwenden.

Sammelzeit:

Von März/April bis, bei milden Temperaturen, in den späten Herbst.

Bärlauch

Allium ursinum

Unsere Vorfahren haben den Namen Bärlauch vermutlich aus der Beobachtung der Bären hergeleitet. Die waren nämlich nach ihrem langen Winterschlaf ganz wild auf die nahrhaften grünen Blätter, um ihre Energiereserven wieder aufzutanken. Stark wie Meister Petz werden, das wollten auch die Menschen – und tatsächlich: Die erhoffte Stärkung trat mit dem Genuss dieses Wunderkrauts ein. Der zweite Name, Wilder Knoblauch oder Wald-Knoblauch, ist schnell erklärt. Es steigt einem der Duft nach Knoblauch bereits in die Nase, bevor die Pflanzen überhaupt zu sehen sind.

Die alten Römer legten besonderes Augenmerk auf die heilende Wirkung des Bärlauchs. Maßvollem Essen waren Sie nicht sehr zugetan, da rückte das »herba salutaris« mit seiner bekannten Heilwirkung bei Magen- und Leberbeschwerden die Folgen der Völlerei wieder etwas ins Gleichgewicht. Später attestierte Hildegard von Bingen dem Erdenkraut beste Heilwirkungen und empfahl in ihren Schriften dessen Genuss. In der Nachkriegszeit strömten die Städter hinaus in die umliegenden Wälder, um das wilde Kraut zu sammeln und so ihren damals nicht sehr ausgewogenen Speiseplan um gesundes Grün zu ergänzen.

Mit dem wirtschaftlichen Aufschwung geriet der Bärlauch wieder in Vergessenheit. Doch einer der großen deutschen Sterneköche, Eckart Witzigmann, entdeckte den Wald-Knoblauch neu und verhalf ihm zu kulinarischen Höhenflügen. Heute liegt Bärlauch voll im Trend und es gibt viele schmackhafte Rezepte für die leider nur kurze Erntezeit. Wir verwenden überwiegend die Blätter, die vor der Blüte den intensivsten Geschmack und die beste Wirkung entfalten; aber auch die Blüten schmecken angenehm süßlich-knoblauchartig. Wenn Letztere verwelken, erscheinen die kleinen grünen Früchte auf dem Stängel, die geschmacklich intensiv an Kapern erinnern. Der Riesenvorteil des Bärlauchs gegenüber der Knoblauchknolle: Der störende Knoblauchduft über Mund und Haut fehlt nach dem Genuss gänzlich!

Bärlauch bevorzugt humusreichen Laubwaldboden und mag es schattig und feucht. Bietet man ihm diese Bedingungen, wächst er mittlerweile auch in Gärten.

Da sich der Wald-Knoblauch eher langsam verbreitet und mittlerweile sehr beliebt ist, sollte man sich bei der Ernte in freier Natur in Zurückhaltung üben: nur in großen Beständen ernten und die Hälfte der Blattrosetten stehen lassen.

Frische Blätter enthalten reichlich Vitamin C, Lauchöle und Flavonoide. Die Heilwirkung bei Arterienverkalkung, hohem Blutdruck und Leberleiden ist seit der Römerzeit bekannt. Der Bärlauch hilft zudem gegen Blähungen und Durchfall.

Bärlauch sollte als Zugabe zu Speisen, ob Sauce oder Suppe, nicht mitgekocht werden. Immer erst ganz zum Schluss fein geschnitten zufügen – so kann er sein Aroma am besten entfalten.

Sammelzeit:

April und Mai. An dieser Stelle der eindringliche Appell, den Bärlauch vor der Ernte korrekt zu identifizieren! Die Blätter müssen eindeutig nach Knoblauch riechen. Tun sie das nicht, handelt es sich um das ähnlich aussehende giftige Maiglöckchen oder die ebenso giftige Herbstzeitlose.

Mein Tipp:

Zur Herstellung von Bärlauchwürze die Bätter der Pflanze in Essig oder alternativ in Öl eingelegt ergibt eine aromatische Würzmischung für die Küche. Die Blätter im Mörser zerreiben und dann in Essig oder Öl rühren und schon entsteht ein sehr schmackhafter Essig oder ein entsprechend aromatisches Öl. Zwei glatte Blätter ins Kräuter-Essig- oder -Öl-Glas gefüllt sind dekorativ.

Wiesen-Schaumkraut

Cardamine pratensis

Der Name Schaumkraut rührt her von der Anmutung einer Wiese, bedeckt mit hellem Blütenschaum. Zudem nennt man es Himmelfahrtsblume, da es anlässlich Christi Himmelfahrt – 39 Tage nach Ostersonntag – zu höchsten Ehren gelangt: In katholischen Gegenden führen die noch immer traditionell an den drei Tagen vor der »Auffahrt« stattfindenden Himmelfahrtsprozessionen über bunte Blütenteppiche aus Wiesen-Schaumkraut und Löwenzahn zu den Kapellen oder errichteten Altären, wo für eine gute Ernte gebetet wird. Das Weißlila der zarten Blüten spielt dabei eine tragende Rolle im Farbenreigen des Umzugs. Und so kurz das Leben des Schaumkrauts ansonsten im Jahreszeiten-Kalender ist: Bei diesem religiösen Fest trumpft es mächtig auf.

Auf einem feinen hohen Stängel wiegen sich zarte kleine hell-lila bis weiße Blütenkronen. Die feingliedrigen Blättchen verstecken sich oft zwischen den Wiesengräsern – beim Sammeln einfach mit den Fingern am Stängel entlangfahren, dann fühlt man sie.

Der Geschmack der Blüten und Blätter gleicht dem von Kulturkresse oder Meerrettich, aber das ätherische Öl ist pfeffriger und aromatischer. Vorsicht also bei der Zugabe von ähnlichen Geschmackskomponenten, sonst entsteht allzu leicht eine kulinarische Konkurrenz! Hier geht probieren über studieren.
Wenn das Wiesenschaumkraut von April bis Juni üppig blüht, bringen Kinder gerne gepflückte Sträuße mit nach Hause. Die Enttäuschung ist jedes Mal groß, wenn die zarten Blütenkronen am nächsten Tag vor sich hinwelken.
Da haben es die kochwilligen Sammler besser. Blätter und Blüten kleingehackt als Beilage oder Zutat bereichern jedes Gericht.

Auf nährstoffreichen feuchten Wiesen, an Flussufern und lichten Auenwäldern.

Ein Wildkraut, reich an Vitamin C, das im Frühjahr vor Immunschwäche und Infektionen schützt und in der Winterzeit den trägen Stoffwechsel antreibt.

Ein Strauß Wiesen-Schaumkraut wird gut ausgeschüttelt (damit keine Bewohner übrigbleiben), danach werden die zarten Blätter und Blüten fein gehackt. 250 g Quark mit etwas Milch aufschlagen, eine feingehackte Zwiebel unterheben und mit etwas Salz würzen. Zum Schluss das Wiesen-Schaumkraut vorsichtig unterheben. Dieser Snack erfreut den Genießer als würziger Genuss der besonderen Art. Ein paar frische Pellkartoffeln runden das Geschmackserlebnis ab und machen ein leichtes Mahl daraus.

Sammelzeit:

April bis Juni – die kurze Wuchsperiode des Schaumkrauts gilt es klug zu nutzen.

Der Name Wiesen-Schaumkraut kann zum einen von den Schaumnestern, die an den Stängeln und Blättern der Pflanze zu finden sind, herrühren: Sie werden von Larven der Schaumzikaden erzeugt. Zum anderen sind Wiesen mit den hellen Blüten wie mit Schaumflöckchen bedeckt.

Knoblauchsrauke

Alliaria petiolata

Sie steht ungern alleine. In Gesellschaft mit ihren Artgenossen fühlt sie sich am wohlsten. An diesem Klüngel findet auch die Brennnessel Gefallen, denn hier wird sie nicht schief angesehen. Zudem stimmen die Größenverhältnisse: Keine schaut auf die andere hinunter. Und man liebt die gleichen Bodenverhältnisse. Kurzum: Es herrscht ein unspektakuläres Miteinander.
Die Knoblauchsrauke kann eine stattliche Höhe von 70 bis 80 Zentimetern erreichen, wenn sie ihr genehme Lebensbedingungen vorfindet. Dann wiegen sich ihre weißen Blütenknöpfchen auf dem langen Stängel und sie unterhält sich fröhlich mit ihren »reizenden« Nachbarinnen.
Reibt man an ihren hübschen herzförmig gezahnten Blättern steigt einem nicht von ungefähr ein angenehmer Knoblauchduft in die Nase – sie ist eine entfernte Geschmacksverwandte von Bärlauch und Knoblauch, aber viel dezenter und vornehmer, sozusagen die Adlige in der Knoblauchdynastie. Ist die Bärlauchsaison im zeitigen Frühjahr vorbei, findet man in der Knoblauchsrauke willkommenen Ersatz.

Nach der Blütezeit erscheinen am Stiel lange schmale dünne »Stängel«, die sich zu Schoten (Samenträgern) entwickeln. Wenn sie anfangen aufzuspringen, kann man die schwarzen Körner absammeln und wie Senfkörner verwenden. Sie sind nur viel frischer und knackiger und geben allen Speisen einen delikaten Geschmack.
Zu verwechseln ist die Knoblauchsrauke allenfalls mit dem ähnlich aussehenden Hexenkraut, das allerdings noch kleinere Blüten hat und später blüht. Trotz des »wilden« Namens beinhaltet das Kraut kein Gift. Reibt man an den Blättern des Hexenkrauts, erinnert nichts an den prägnanten Knoblauchsrauken-Duft.

An Laubwaldrändern, Hecken, Zäunen, an Gebüschen. Das Knoblauchskraut (der Zweitname) liebt feuchte schattige, gern lehmige und stickstoffhaltige Standorte; ist der Boden gut feucht, verträgt es auch Sonne.

⚕ Schon im Mittelalter war die antibakterielle und schweißtreibende Wirkung der Knoblauchsrauke bekannt. Durch ihre Saponine und das Senfölglykosid, ihr Provitamin A und Vitamin C und ihre ätherischen Öle besitzt sie einen antiseptischen Effekt. Sie hilft bei Erkrankungen der Atmungsorgane und ist leicht harntreibend.

Da die Blätter eine antiseptische Wirkung haben, helfen sie, frisch zerdrückt auf eine Wunde aufgelegt, bei der Heilung.

Sammelzeit:

Blütezeit ist von April bis Juli; die Blüten und Blätter kann man fast den ganzen Sommer über sammeln.

Mein Tipp:

10 geöffnete Schoten der verblühten Knoblauchsrauke sammeln und in einem Mörser mit etwas Salz und einem Schuss Weißweinessig fein stampfen. Das Ganze mit 1 EL grobkörnigem Senf vermengen – diese Senfkreation schmeckt einzigartig gut.

Echter Beinwell

Symphytum officinale

Blätter und Wurzeln gleichermaßen besitzen so viele wertvolle Inhaltsstoffe, dass der Beinwell – äußer- und innerlich angewendet – bei Knochenbrüchen und schlecht heilenden Wunden eine erstaunliche Besserung bewirken kann. Darauf verweisen auch die beiden Bestandteile seines Namens: »Bein« und »well« (engl. gut), also ein Kraut, das den Beinen gut tut. Schon die alten Griechen und deren berühmter Arzt Dioscurides wussten um die Heilwirkung des Beinwells und von Paracelsus bis Hildegard von Bingen nutzten zahlreiche Ärzte und Heiler die Kraft dieser Wildpflanze.

Dieses uralte Wissen hat sich bis in unsere Zeit hinein erhalten. Und als Autorin dieses Wildpflanzenführers kann ich – nach einer komplizierten Armfraktur – die nachhaltige Wirkung von Beinwell nur bestätigen.

Die überaus ausdauernde Pflanze vermag eine stattliche Höhe von 80 Zentimetern zu erreichen. Sie ist keine botanische Schönheit im üblichen Sinne: Die Blätter sind haarig und kratzbürstig, sie sitzen an einem rauen kantigen Stängel. In der Blütezeit im Mai hängen die rosafarbenen bis violetten Blüten in Traubenform an den Stielenden und nicken uns freundlich zu.

Trotz seiner vermeintlich abweisenden Rauheit ist der Beinwell eine große Bereicherung; er hat sich mittlerweile – wie sein Verwandter im Kulturgarten, der Borretsch, – als Wildkraut einen festen Platz in der Küche erobert. Er gehört zu der weit verbreiteten Familie der Borretschgewächse. Allerdings sollte der wilde Geselle in Maßen genossen werden und nicht jeden Tag auf dem Speiseplan stehen, wegen der enthaltenen Alkaloide.

Er liebt es feucht. Man findet ihn in der Nähe von Wassergräben, an Waldrändern und Uferböschungen, und zwar bis hinauf in 1500 Meter Höhe. Die Landwirte sehen den Beinwell auf ihren Wiesen eher ungern, da er für das Vieh allzu rau-borstig ist und zudem dem Boden viele Nährstoffe entzieht.

⚕ Die Heilkraft des Beinwells ist wesentlich länger bekannt als seine Küchentauglichkeit. Blätter und Wurzeln punkten mit einer beachtlichen Menge Allantolin, Schleim- und Gerbstoffen, Asparagin, Flavonoiden, Harzen, Kieselsäuren, Alkaloiden und Vitamin B12. Allantolin fördert die Zellbildung; Cholin (in der Wurzel) erweitert die Gefäße in der Haut und fördert die Durchblutung.

---

1 EL Beinwellblätter klein geschnitten, mit 1/2 l Wasser in 15 Minuten aufgekocht, abgekühlt und ein Baumwolltuch damit getränkt hilft sofort bei stumpfen Verletzungen und Prellungen.

Sammelzeit:

Von März bis Juni die jungen Blätter, die Wurzeln im Frühjahr und im Herbst.

Mein Tipp:

Man drehe zwei bis drei Triebe vom Beinwell mitsamt den Stängeln zusammen.
In einen vorbereiteten Pfannkuchenteig aus 1 Tasse Mehl, 1 Tasse Milch, 1 Ei und 1 Prise Salz eintauchen. Dann in einer hohen Pfanne Pflanzenfett erhitzen und die Beinwell-Pfannkuchen-Stängel schwimmend ausbacken, bis sie goldgelb sind.

Sommer

Brennnessel

Urtica dioica

Als einer der ersten Frühlingsboten zeigt sich die Brennnessel (Urtica dioica) – und das seit Urzeiten. So vielfältig wie bereits unsere Vorfahren diese Pflanze zu nutzen wussten, wollen auch wir sie heute genießen: als köstliches Küchenkraut, Liebeselixier, Gottesgeschenk und Gesundmacher.

Wer hat nicht schon böse Erfahrungen mit den »brennenden« Blättern gemacht und scheut deshalb die Berührung! Kennen wir die Ursache, können wir besser damit umgehen. Das Brennen auf der Haut wird durch eine Flüssigkeit verursacht, die sich in den glasharten Haaren auf den Blättern befinden und die bei Berührungen abbrechen. Durch die abgebrochenen Härchen dringt das »Brenngift« in die Haut. Früher hielt man Ameisensäure, die als Nesselgift wirkt, für die Ursache des unangenehmen Brennens, aber die Wirkstoffe sind andere und müssen noch erforscht werden. Jetzt ist die Pflanze schon so lange bekannt und gibt noch immer Rätsel auf …

Sie ist ein Tausendsassa unter den Wildkräutern, mit ihr lässt sich vielerlei anfangen: Von den ersten zarten Blättern bis hin zu den späteren Samen verwenden wir die Brennnessel fast komplett in der Küche.

Besonders zart-aromatisch schmecken die frischen jungen Triebspitzen und Blätter noch nicht blühender Pflanzen bis etwa 30 Zentimeter Höhe. Diese offerieren uns Triebspitzen und Blätter bereits im zeitigen Frühjahr.
Die Samen (Nüsschen) reifen im Sommer; die Rispen streifen wir von den weiblichen Pflanzen ab und sammeln die kleinen grünen Früchte. Sie lassen sich auch gut in getrocknetem Zustand verwenden und geben jedem Gericht einen würzigen, pfeffrigen Geschmack.
Auf den Genuss dieser Früchte mussten übrigens früher die Mönche und Nonnen verzichten, denn die Nüsschen – man nennt sie auch »europäischer Ginseng« – galten als Aphrodisiakum: den Stoffwechsel anregend und kräftigend. Nur Mut beim Probieren!

Sonne oder Schatten, Garten oder Ödland, da ist die Brennnessel nicht wählerisch, aber sie liebt eher feuchte und humose Böden.

Außer herb-frischem Geschmack bietet die Brennnessel eine vielfältige Heilwirkung: Reich an Vitamin A und C, Kalium, Magnesium, Eisen, Kieselsäure, Flavonoiden und Schwefel, wurde sie schon im Mittelalter als die Königin der Heilkräuter beschrieben. Zudem besitzt sie eine entschlackende, harntreibende und blutreinigende Wirkung, weshalb sie häufig bei Fastenkuren als Tee Verwendung findet und zu Erfolgen führt.

Ein Probierrezept für Brennnessel-Schnitzelchen:

- 2 Handvoll Brennnesselblätter
- 1 Brötchen oder 7 Weißbrotscheiben
- Milch zum Einweichen
- 1 EL Butter
- 1 große Zwiebel
- 3–4 EL Semmelbrösel
- Salz und Pfeffer
- Butterschmalz zum Ausbacken

Die rohen Brennnesselblätter mit heißem Wasser überbrühen, sodass sie nicht mehr brennen, abtropfen lassen und fein schneiden. Brot klein schneiden, in Milch einweichen und anschließend gut ausdrücken. Die Butter in einer Pfanne erhitzen und die fein geschnittene Zwiebel darin goldgelb anbraten. Mit den Brennnesselblättern vermischen, würzen, die ausgedrückte Brotmasse gut untermengen und so viel Semmelbrösel zufügen, dass aus der Mischung kleine flache Schnitzelchen geformt werden können. Im heißen Butterschmalz goldbraun ausbacken.

Sammelzeit:

Von April/Mai (das junge Kraut) bis September (die Samen). Und stets nähern wir uns dem »reizenden« Kraut mit Vorsicht: Beim Sammeln geht ohne Handschuhe gar nichts!

Mein Tipp:

Brennnessel und Giersch ergänzen sich großartig. Zusammen bilden sie ein mild-aromatisches Duo.

Gänseblümchen

Bellis perennis

Das erste Wildkraut im Dreierbund:

Viele Geschichten und Sagen ranken sich um die ausdauernde Schöne, wie sie schon bei Goethe genannt wird. Doch leider half sie Gretchen im »Faust« nicht beim bekannten Spiel: Er liebt mich, er liebt mich nicht… In Irland übrigens geht man vorsichtig mit dem Gänseblümchen um. Hat doch die Fee Milkah einem Königskind das hübsche Blümchen zu essen gegeben – und es blieb für immer genauso winzig wie dieses.

Aber nicht alleine das Blättchenzupfen macht den Charme des Tausendschöns aus (so lautet treffend ein volkstümlicher Name des Gänseblümchens). Sein Geschmack ist nussig, herb-süß bis bitter. Wie stärkend sich die Helfersubstanzen auf unser Immunsystem auswirken wusste bereits Carl von Linné, der bekannte deutsche Pflanzenklassifikator im 18. Jahrhundert: Er verlieh dem Gänseblümchen den Beinamen »perennis«, also für »ausdauernd«, weil es – wenngleich oft mit Füßen getreten – immer wieder aufsteht und sich entfaltet.

Im Verbund mit Gräsern überall auf Wiesen, in Parks und Gärten.

Schon in der Renaissance wussten Ärzte um die blutreinigende Wirkung. Die Blütenköpfe sind voll von Saponinen, ätherischen Ölen und Bitterstoffen. Diese kleinen Helferlein stärken ungemein das Immunsystem; besonders Gänseblümchen-Tee gibt Kindern viel Kraft.
Wissenschaftlich ist die Heilwirkung des Gänseblümchens kaum erforscht. Bekannt ist lediglich, dass es sich bei den Wirkstoffen um Gerbstoffe, Inulin, Saponine und organische Säuren handelt und das bereits unsere Vorfahren das »unscheinbare« Blümchen vielfach einsetzten.

Sammelzeit:

März bis November. Knospen, Blüten und Blättchen sind zum Verzehr geeignet.

Mein Tipp:

Das Trocknen von Blüten und Blättern lohnt sich nicht, da wir die Pflanze fast das ganze Jahr über pflücken können – sie wächst und blüht selbst im Winter. Wenn der Schnee weggetaut ist, kommen die kleinen weißen Blüten ganz verstohlen zum Vorschein.

Rotklee

Trifolium pratense

Der Zweite im Gespann:

Schon im 11. Jahrhundert wurde er von den Bauern als stärkende Futterpflanze für das Weidevieh gesät; Hildegard von Bingen kannte ebenfalls die Heilkraft für uns Menschen. Und wer ist als Kind nicht fröhlich über die Wiesen gehüpft, hat das »vierblättrige Glück« gesucht oder die Rotklee-Blüten aus den Kugelköpfchen gezupft und ausgelutscht, weil sie so herrlich süß schmecken? Diese duftende Süße genießt man in der irischen und schottischen Küche in einem Stampfbrot aus getrockneten Kleeblüten, Thambrak genannt. Spricht der Volksmund vielleicht deshalb vom Himmelsbrot, wenn er den süßen Klee meint?

Der Rotklee wächst unermüdlich. Obwohl von seinem Wesen her selbst sehr anspruchslos, ist er für andere doch ein absoluter Energiespender. Die heutige Medizin bedient sich des Rotklees im hohen Maße.

Aufgrund der »Anti-Aging-Welle« hat es der wilde Rotklee geschafft, zur Kulturpflanze auserkoren zu werden. Er wird systematisch ausgesät, damit eine ertragreiche Ernte erzielt werden kann. Ob das als Fortschritt gewertet werden sollte, sei dahingestellt.

Der süße Geselle kommt auf allen nährstoffreichen Böden vor: auf Wiesen, Feldern und Waldlichtungen bis in Höhen von 3000 Metern.

Nach den neuesten wissenschaftlichen Erkenntnissen ist Rotklee Vorreiter im Fitness- und Anti-Aging-Programm. Er besitzt vier Isoflavone, die im Aufbau den Östrogenen ähneln und vom Körper gut aufgenommen werden, er beugt der Hautalterung vor, unterstützt den Muskelaufbau und stärkt das Knochengerüst. Die Förderung der Lebertätigkeit, die blutreinigende und verdauungsfördernde Wirkung kannte bereits Hildegard von Bingen. Dieser kleine Kraftprotz wächst unbekümmert auf unseren Wiesen, da muss man doch zugreifen!

Sammelzeit:

Vom zeitigen Frühjahr bis in den späten Sommer. Wir verwenden die Blütenköpfe und die Blättchen.

Mein Tipp:

Aus den Blütenköpfen lässt sich ganz leicht ein hocharomatischer Honig herstellen:

2 Handvoll Blüten gut ausschütteln, um mögliche »Mitbewohner« zu entfernen. In einem Topf mit Wasser gut bedeckt für 20 Minuten aufkochen lassen. Die entstandene Flüssigkeit absieben und diese dann, ganz nach Geschmack, nochmals mit braunem Rohrzucker aufkochen, bis der Rotkleesirup eine honigartige Konsistenz annimmt. Sie können ihn fast genauso wie Bienenhonig verwenden.

Glockenblume

Campanula patula

Die Dritte im süßen Reigen:

Die Wiesen-Glockenblume neigt ihre Blüten am Stängel immer in Richtung Sonne. Bereits in der geschlossenen Knospe liegt der Blütenstaub auf der Außenseite des Griffels. Insekten, die sich auf Nektar spezialisiert haben und die Glockenblume ansteuern, fliegen mit Blütenstaub beladen weiter und sorgen für die Verbreitung der Pflanze.
Sie nickt zierlich und zart auf ihren dünnen Stängeln und grüßt ihre Nachbarn aus höherer Warte. Ihrem ausdrucksvollen Glockenkopf begegnen wir in Sagen und Märchen als zauberhaftem Feenhut. Kurzum: Die Glockenblume ist einfach nur süß – und allein das reicht aus für ihre Vorzugsstellung im Dreiergespann. Dass sie zudem sehr gut mundet, wissen dabei allerdings die wenigsten: und zwar die jungen Triebe, die Knospen, aber vor allem die Blüten. Der Geschmack gleicht zuckersüßen Erbsen.

Gar nicht wählerisch, wächst die Glockenblume auf Sand-, Lehm- oder Tonböden, auf Wiesen und an Hängen.

Die »süße Maid« hat, innerlich angewendet, eine leicht adstringierende (zusammenziehende) und antiseptische Wirkung und wurde früher zum Gurgeln gegen Halsschmerzen eingesetzt. Ansonsten besitzt sie kaum heilende Kräfte.

Uns schmecken die Blüten, die jungen schmalen Triebe und kleinen Blättchen.

Sammelzeit:

Spätes Frühjahr bis Sommer

Mein Tipp:

Das zarte feine Pflänzchen gibt nicht nur mit ihren Blüten, Trieben und Blättern ihr süßes Aroma weiter. Macht man sich die Mühe, auch die Glockenblumen-Wurzeln zu sammeln, zu waschen und zu putzen, kommt man in den Genuss eines besonderen kulinarischen Leckerbissens: Möhren und Sellerie verleihen Glockenblumen-Würzelchen die geschätzte zuckersüße Note.

Wilde Kirsche

Prunus avium subsp. avium

Die rote oder schwarze Wildkirsche – auch Wilde Vogelkirsche und Waldkirsche genannt – ist die »Mutter« fast all unserer Süßkirsche-Kulturformen. Sie besitzt länglich-ovale grob gezahnte Blätter und weiße Blütenbüschel, die wie eine Schiffsarmada auf hoher See an den Ästen schaukeln, gleichzeitig mit den Blättern im Mai erscheinen und unsere Wälder mit einem weißen Frühlingsschleier versehen. Die Kirschen sind der Vögel liebste »Frühjahrskur«, daher auch die Artenbezeichnung »avium«, von lateinisch »avis«, der Vogel.

Die Wildkirsche stammt ursprünglich aus der heutigen Türkei und gelangte im 1. Jahrhundert vor Christus nach Rom. Von dort aus verbreiteten die Römer sie weiter bis nach England und zu uns.

Das Wort »Kirsche« leitet sich her aus dem griechischen »kerasia« und dem lateinischen »cerasium«; im Mittelhochdeutschen sprach man von »kirse« oder »kerse«.

Bereits in der griechischen Mythologie wird die Kirsche als Quelle großer Heilkraft der Göttin Demeter zugeordnet. Und auch im Brauchtum und Volksglauben stößt man allenthalben auf die Naturschönheit: Am Barbaratag, dem 4. Dezember – Todestag der Schutzpatronin und Märtyrerin Barbara von Nikomedien, die im 3. Jahrhundert gelebt haben soll – werden nach einem weit verbreiteten Brauch Kirschzweige geschnitten. Die Blüten sollen bis zum Heiligen Abend ausschlagen und so in der kalten düsteren Winterzeit ein wenig Licht in die Wohnung bringen. Blühen diese Barbarazweige rechtzeitig zu Weihnachten, bringt dies Glück, schönes Wetter und ein gutes Jahr; erscheinen die Blüten hingegen zu spät, droht ein langer Winter. In Japan steht die Kirschblüte für Glück, Freundschaft, Schönheit und Reinheit. Das bekannteste Fest ihr zu Ehren ist das Kirschblütenfest, Hanami.
In unserer Region liebt man die dunkle Wildkirsche als Schweizer Kirschengeist und die rote Vertreterin als Schwarzwälder Kirschwasser.

Kirschen lassen sich sehr gut einfrieren und später verwenden, ob mit oder ohne Stein. Man kann sich also getrost einen Vorrat in die Tiefkühltruhe legen.

Die Wildkirsche bevorzugt sonnige warme Lagen an Waldrändern. Nasskalte oder wechselnd nasse und trockene Böden mag sie gar nicht, ansonsten ist sie sehr genügsam. Aufgrund ihrer starken Eigenverjüngung gab es regelrechte Vogel-Kirschen-Wälder, die den Forstleuten sehr zu schaffen machten.

Die Früchte wirken adstringierend, blutbildend, entwässernd und harntreibend. Kirschsaft wird bei Fieber, Durchfall, Husten und auch Nervosität angewendet. Der Inhaltsstoff Molybdän senkt den Harnsäurespiegel und hilft gegen Gicht. Die dunklen Farbstoffe, Anthocyane, besitzen eine schmerzstillende Wirkung. Je dunkler die Kirschen sind, umso mehr Anthocyane enthalten sie. Kirschkernkissen warm gemacht sind eine wundervolle Wärmetherapie und immer wieder verwendbar.

Sammelzeit:

Die Blätter als Teemischung im Mai bis Juni, die Früchte im Juni bis Juli.

Mein Tipp:

Frische Kirschen sind recht empfindlich – beschädigte Früchte vorsichtig aussortieren! In einer verschließbaren Plastiktüte halten sich die unversehrten Kirschen im Kühlschrank ca. zwei Tage lang frisch.

Wichtig ist, die Kirschen erst direkt vor dem Verzehr und nicht unter fließendem Wasser, sondern in stehendem Wasser zu waschen. Sie platzen sonst zu leicht.

Wilde Möhre

Daucus carota subsp. carota

Schon in der Steinzeit haben unsere Vorfahren die Wurzeln der Wilden Möhre genossen, Funde von Samenkörnern in der Nähe prähistorischer Pfahlbauten zeugen davon – eine mächtige Vergangenheit, auf die die Doldenblütlerin da zurückblickt!

Der botanische Name der Wilden Möhre, »Daucus carota subsp. carota«, wird aus dem griechischen Wort »daio« = »ich erwärme« abgeleitet. Der griechische Arzt Dioscurides konnte bei seinen Patienten das Auftreten einer wohltuenden Wärme nach dem Verzehr der Wilden Möhre verzeichnen. Der deutsche Name – im Volksmund – »Vogelnest« leitet sich von der Erscheinung ab, dass sich die Blütenstände nach der Befruchtung nestartig zusammenkrümmen, wie zu einem Vogelnest eben.

Sie ist eine auffällige Schönheit: Inmitten ihres strahlenden Doldenkranzes prangt die schwarz-purpurfarbene »Mohrenblüte«, die – von der Schönen geschickt als Lockmittel eingesetzt – magisch Bienen, Käfer und Fliegen anzieht, damit die Bestäubung gewährleistet ist. Von dieser »Mohrenblüte« leitet sich wahrscheinlich der Name Mohrrübe ab.

Die Wildmöhre erreicht eine stattliche Höhe von bis zu 1,20 Meter. Sie bildet Gruppen von elegant-feingliedrigen weißen Blütenkränzen aus und, je nach Vegetationsstadium, rollen sich die Fruchtdolden vogelnestartig mit fast kugeliger Struktur nach innen. Aber nicht nur mit ihren äußeren Pfründen kann sie wuchern, auch ihr »Innenleben« hat so einiges zu bieten. Der Samen der Wilden Möhre galt als harntreibend und menstruationsfördernd.

Und der Wurzel wurde schon früh eine aphrodisierende Wirkung nachgesagt; im Kochbuch des bekanntesten Feinschmeckers der alten Römer, Apicius, nahm die »carota« breiten Raum ein – denn sie versprach zweierlei sinnlichen Genuss: zum einen Gaumenkitzel und zum anderen das Anheizen der Begierde. Heute gehen wir da etwas nüchterner und pragmatischer »an die Möhre ran« … Auch Karl der Große sah die Sache eher praktisch: Im frühen Mittelalter empfahl er die Wilde Möhre in seinem »Capitulare de villis« sogar für den geregelten Anbau.

Die Wurzel der Wildform ist weiß, da fast carotinlos, daumendick und kann bis zu 1 Meter lang werden. Man muss schon ein bisschen graben, aber sie lässt sich gut herausziehen. Nach dem Waschen spaltet man die Rübe längs und entfernt das mittig liegende härtere Stück, das »Herz«. Der äußere Teil hingegen ist zart und schmeckt süß. Die Wilde Möhre ist die Mutter unserer heutigen Gartenmöhre oder Karotte.

Die Wildmöhre liebt sonnige Böden und siedelt sich dort an, wo sie ein ihr genehmes Plätzchen findet, ob Wiesen, Wegränder, Felder oder Waldränder.

Die Wurzel ist reich an Pektin, das gegen Durchfall hilft, Vitamin C, B1 und B2. Im 20. Jahrhundert schätzte der bekannte Kräuterpfarrer Künzle die Wilde Möhre nicht nur als nahrhafte Speise, sondern auch als nützliche Arznei gegen Leber-, Nieren-, Milz- und Blasenschwäche. Die Samen haben durch ätherische Öle und Flavonoide eine beruhigende Wirkung auf den Magen-Darm-Trakt.

Sammelzeit:

Die Blüte von Mai bis Oktober, die Wurzel von August bis Oktober.

Mein Tipp:

Die Wilde Möhre ist nicht nur gesund und voller Heilwirkung, sie ist auch eine sehr dekorative Erscheinung. In einer schlanken Vase zeigt sie sich in ihrer ganzen grazilen beeindruckenden Schönheit.

Große Klette

Arctium lappa

Wir tun der Widerborstigen Unrecht. Denn neben ihrer anhänglichen Art hat sie auch viel Liebenswertes zu bieten – und sogar Nützliches: als Vorbild nämlich für den so überaus praktischen Klettverschluss. Die zweijährige Pflanze ist eine imposante Erscheinung, die bis zu 2 Metern hoch werden kann. Im Sommer sitzen zwischen den breiten fleischigen Blättern stachelige grüne Kugeln, die rosa bis purpurrote Köpfe bekommen: die Doldenblüten – die beliebten Wurfgeschosse.
Wir verwenden die Blätter und das Mark der Stängel. Die Wurzeln, die an den Geschmack von Schwarzwurzeln erinnern, lassen sich nur sehr mühevoll aus dem steinigen Boden graben. Sich als Kind mit Kletten-Köpfen zu bewerfen, das war für uns ein echter Sport. Denn die pieksenden Geschosse – leicht, wie sie waren, ließen sie kaum Zielgenauigkeit zu – blieben nicht nur am »Gegner«, sondern an den unmöglichsten Stellen hängen, hafteten sogar an rauen Wänden. Am gemeinsten aber fühlte es sich in den Haaren an. Die tiefere Bedeutung der nicht gerade freundlich gemeinten Redewendung »wie eine Klette an jemandem kleben« wurde einem da plastisch bewusst.

Die alten Kräuterhexen müssen Bärenkräfte besessen haben – worauf der botanische Name sogar hinweist: Arctium leitet sich vom griechischen »arcteion«, der Bär, ab; und im Keltischen steht »lapp« für die Pranke. Die Große Klette mutet an wie ein großer zottiger Bär mit vielfältigen Kräften. Meister Petz wiederum werden hervorragende Pflanzen- und Wurzelkenntnisse zugesprochen – was die Pflanzenschamanen ihrerseits ausnutzten, indem sie sich bei ihrer Suche nach geeigneten Heilpflanzen auf das Gespür der Bären verließen.
Die Germanen weihten die Klette dem Donnergott Thor (Donar), der mit seinen Blitzschlägen Drachen und andere böswillige Subjekte vertrieb. Der berühmteste griechische Pharmakologe und Arzt des Altertums, Dioscurides, wusste bereits um die Heilwirkung der imposanten Kratzbürste, und im Mittelalter fand man die Klette in allen Kräuterbüchern. Heinrich III. soll mit deren Wurzeln von seiner Syphilis geheilt worden sein.

Man findet die Große Klette auf Brachland, Schutthalden, an Zäunen, Weg- und Waldrändern. Sie bevorzugt basenreichen lehmigen Boden.

Mit ihren Schleimstoffen, Gerb- und Bitterstoffen wie auch den ätherischen Ölen ist die Klette ein hervorragendes Blutreinigungsmittel. Ihre Einnahme hilft bei der Beseitigung von Gallen- und Harnsteinen und ihre schweißtreibende Kraft ist bekannt.

Klettenmark zu gewinnen ist jede Mühe wert. Es ist eine versteckte, aber dafür umso feinere Delikatesse. Wenn sich im Juni/Juli die Blütenköpfe der Großen Klette bilden, sind die Stängel erntereif. Das Mark im oberen Teil der Pflanze ist grün, weiter unten wird es fast weiß. Es hat einen richtig nussigen Geschmack und verfeinert jedes andere Gemüse. Für gut 20 Minuten in einer Gemüsebrühe vorgekocht und dann zum Gemüse gegeben bringt es sein Aroma am besten mit ein.

Sammelzeit:

Die Blätter sind am zartesten vor der Blütezeit, die Stängel ernten wir bei Blütenansatz im Juni bis August; die Wurzeln munden im zeitigen Frühjahr oder im Herbst.

Mein Tipp:

Wurde bei den Stielen der Großen Klette die Rinde nicht ganz sauber abgeschält, dem Kochwasser eine Prise Natron zusetzen. Das nimmt die Bitterkeit und verkürzt auch die Kochzeit.

Wilder Hopfen

Humulus lupulus

Der Wilde Hopfen ist ein kratziger, fast krautiger Geselle, der sich aber mit Hingabe meterlang um alles schlingt, dessen er habhaft werden kann. Er geht mit keiner »Zielgruppe« zimperlich um – und ist mit seiner umgarnenden Leichtigkeit fast immer der Stärkere. Seine Stängel sind wie Federkiele: besetzt mit vielen kleinen Federhaken, die nichts und niemanden wieder freigeben; selbst die widerstandsfähigen Brennnesseln haben aufgegeben.
Am zweihäusigen Hopfen ist alles rau, bis auf die jungen Triebe, die zeigen seine sanfte Seite. Die drei- bis fünflappigen Blätter erinnern stark an Weinblätter.
Zwischen Juni und September sieht man an den männlichen Ranken gelbgrüne kleine Blüten, die in Rispen oder Trauben stehen. An der weiblichen Pflanze gruppieren sich die Blüten zu Kätzchen. Aus diesen entstehen im Spätsommer bis Frühherbst zapfenförmige Früchte mit starkem aromatischem Duft und Geschmack. An der Innenseite der Zapfen (auch Dolden genannt) befinden sich Drüsen, die das harzige Sekret Lupulin enthalten, verantwortlich für den bitteren Geschmack.

Bei der Kulturhopfen-Ernte überkommen Pflückerinnen und Pflücker oft Schläfrigkeit und Kopfweh, die auf das Lupulin zurückzuführen sind.
In der Küche verwenden wir ausschließlich die Ähren (Zapfen) der weiblichen Pflanze: Sie munden zart und köstlich, ähnlich frischem weißen oder grünen Spargel und doch mit einem ganz eigenen Geschmack. Spargel und Hopfen gemeinsam auf dem Teller ergeben ein Potpourri an Geschmackserlebnissen.

Der Wilde Hopfen liebt feuchte Standorte, gern an Waldrändern. Er umschlingt Hecken, Zäune oder andere Pflanzen gleichermaßen.

Die breite Heilwirkung des Hopfens – antiseptisch, appetitanregend, abführend, blutreinigend aufgrund von Bitterstoffen und ätherischen Ölen – wurde bereits im 7. Jahrhundert von arabischen Ärzten entdeckt. Ein Jahrhundert später diente er der Haltbarmachung von Bier. Und manch einer schwört noch heute auf den Wilden Hopfen als mildes Beruhigungsmittel. Die hormonelle Komponente, nämlich eine die Libido leicht dämpfende Wirkung nach (allzu) regem Biergenuss, dürfte ebenfalls so manchem Mann bekannt sein.

Hopfen enthält nämlich Phytohormone (Pflanzenhormone), die dem Östrogen ähneln – und vermag somit auch Wechseljahrsbeschwerden zu lindern.

Die Hopfentriebe werden wie Spargel gekocht, allerdings sind sie viel dünner. Man bündelt deshalb etwa zehn Triebe in der Hand, wäscht sie und bindet sie mit Küchengarn zusammen. Zum Kochen gute Brühe verwenden und auf jeden Fall einen Schuss Milch zugeben, um die Bitterkeit zu mildern. 1 Teelöffel Butter, 1 Prise Zucker und viel frisch gemahlener weißer Pfeffer helfen den Hopfentrieben, ihr Aroma voll zu entfalten. Wichtig: Nicht weich kochen lassen, nur kurz blanchieren, damit sie einen kernigen Biss behalten!

Sammelzeit:

Die jungen Triebe der weiblichen Pflanze (April bis Ende Mai) können vielfältig wie Spargel verwendet werden. Die harzigen grünen Fruchtzapfen verleihen in der Pflückzeit von August bis September einem Likör delikaten Geschmack.

Mein Tipp:

Die Triebe des Wilden Hopfens lassen sich, fertig verarbeitet, gut einfrieren und so über längere Zeit lagern. Dazu die jungen Ähren blanchieren und mit etwas vom abgekühlten Sud frosten.

Wilde Himbeere

Rubus idaeus

100 Jahre vor Christus berichtete ein griechischer Arzt namens Krateuas von einer wunderbaren Beere, die in der Troas wuchs – so der antike Name für einen Landstrich südöstlich der Dardanellen in Kleinasien, wo einst auch das homerische Troja lag. Rasch fand sie die Gunst der Genießer und stieg auf zu einer königlichen Frucht. Sie bestach zunächst alle mit ihrer süßen Saftigkeit, überzeugte darüber hinaus bald aber auch mit ihrer rasch erkannten Heilwirkung. In Rom beschrieb Plinius der Ältere sie in seinem Werk »Naturalis historia« somit korrekt als »Idaeus rubus«, von den Griechen herstammend. In der Jungsteinzeit galt das Rosengewächs – das botanisch gesehen gar keine Beere, sondern vielmehr eine Steinsammelfrucht ist – auch bei uns als Delikatesse und war ein fester Bestandteil der Ernährung.

Ihren Namen erhielt die Himbeere durch Lautangleichung, basierend auf dem mittelhochdeutschen Wort »hinde« (Hirschkuh), von dem »him« abgeleitet wurde. Wissenschaftler vermuten, dass man an Orten, wo sich die Hirschkuh versteckt hielt, besonders häufig auf die süße Frucht traf und sie deshalb nach der Hinde benannte.

Schon im Mittelalter beschäftigten sich Mönche intensiv mit Anbau und Kultivierung dieser wilden Köstlichkeit. Sie war eine äußerst unproblematische, pflegeleichte und einfach zu vermehrende Dame. Die Züchtungen aus dem Mittelalter haben noch heute Bestand, wobei es neben der dunkelroten Frucht auch eine gelbe Züchtung gibt. Die Himbeere – uralt und noch immer faszinierend geschmackvoll!

Verwechseln kann man die Wilde Himbeere lediglich mit der Steinbeere – auch Felsen-Himbeere genannt – mit ihren im August reifenden, ebenfalls essbaren Früchten, die an Johannisbeeren erinnern. Gut für uns zu wissen: Die (Wilde) Himbeere besitzt keine giftigen Doppelgänger. Wilde Himbeeren findet man auf fast allen Waldlichtungen und das oft in großen Mengen. Sie sind deutlich kleiner als ihre kultivierten Gartenkollegen, aber viel aromatischer. Deshalb lohnt sich der Ausflug in die Natur auf jeden Fall.

Die Wilde Himbeere fühlt sich so richtig wohl an sonnigen Lichtungen und an Waldrändern mit hoher Luftfeuchtigkeit; sie bevorzugt nitratreiche Böden.

Sie punktet mit einem überaus hohen Vitamin C-Gehalt. Bedingt durch die Anthocyane besitzen die Beeren zudem eine entzündungshemmende Wirkung, wirken adstringierend, positiv auf die Sehkraft sowie lindernd bei entzündlichen Augenleiden.

Sammelzeit:

Von Anfang Juni bis September kann man Beeren und auch Blätter sammeln. Bemerkenswert ist, dass die jungen Blätter nicht nur geschmacksintensiv, sondern auch gesund sind: Gerbstoffe, Milchsäure und ungesättigte Fettsäuren begleiten den Genuss.

Mein Tipp:

Frische Wilde Himbeeren lassen sich ausgezeichnet einfrieren. Sie zerfallen nach dem Auftauen nicht. Ganz wichtig ist, sie locker gelagert – am besten in einer flachen Schale ausgebreitet – einzufrieren und dabei gut einzuzuckern. Lohn dieser zusätzlichen Arbeit ist großes kulinarisches Vergnügen.

Wilde Erdbeere

Fragaria vesca

Die köstliche Beere, die botanisch gesehen gar keine ist, gehört zu den Sammelnussfrüchten: Aus vielen kleinen Nüsschen bestehend, wird die Frucht im Verlauf ihrer Reife aufgrund der Anthocyane immer roter und süßer. Überraschend auch, dass die Wald-Erdbeere – obwohl ebenfalls mehrjährig und optisch so ähnlich mit ihren scharf gezackten dreizähligen Blättern – mit unserer großen Kultur-Erdbeere noch nicht einmal verwandt ist. Die kleine Monats-Erdbeere ist ihre Nachfolgerin.
Schon in der Antike liebte man die Erdbeere, die sogar von so bedeutenden Dichtern wie Ovid und Vergil gepriesen wurde, als köstliche Küchenbereicherung – noch heute ablesbar an ihrem Beinamen »vesca«, essbar. Die süße Frucht inspirierte große Köche zu den leckersten Speisen. Und auch in der Kunst treffen wir immer wieder auf die Darstellung der kleinen Beere aus dem Wald. Durch ihre Fähigkeit, gleichzeitig zu blühen und zu fruchten, gilt sie als Symbol der Verlockung und der Sinnesfreude. Das Christentum jedoch kehrte diese Bedeutung ins glatte Gegenteil: Als Sinnbild der Rechtschaffenheit sieht man auf Mariengemälden die kleine Fragaria oft als Begleitpflanze – die blühende Erdbeerpflanze als Allegorie für fromme und

gute Gedanken. Und in zahlreichen Märchen und Sagen findet sie ebenfalls Erwähnung. In der germanischen Mythologie ist sie der Göttin Freya zugeordnet. In Grimms Märchen lässt die böse Stiefmutter die kleine Heldin der Geschichte nur mit einem hauchdünnen Kleid aus Papier bekleidet im tiefsten Winter nach Erdbeeren suchen.

Wald-Erdbeeren bilden in den nördlichen Ländern in guten Jahren ausgedehnte rote Teppiche. Eine Freundin aus Schweden verriet mir einen süßen Sammel-Trick aus ihrer Kindheit: Auf einen dicken langen Grashalm (die »Quaste« diente als Stopp) fädelten die Kinder wie Glasperlen all die süßen roten Früchte, die nicht gleich in den Mund wanderten. Dieses »Erdbeer-Perlenspiel« ließ sich dann wunderbar nach Hause tragen und man konnte später herrlich davon naschen.

Sie ist eine eher unscheinbare Pflanze. Ihre Beeren sind klein und oft unter den Blättern versteckt. Spannend ist, dass sich die kleine Pflanze auch in Gärten ansiedeln lässt, wenn das Bodenklima stimmt. Nicht Volldünger, sondern eine magere Basis ist vorteilhaft.

Als Ausgleich gegenüber der vergleichbar enormen Größe der Gartenerdbeere schmeckt die kleine Wilde Erdbeere viel aromatischer. Da lohnt sich das mühsame Sammeln.

Trotz ihres Namens wächst die Walderdbeere nicht direkt im Wald und unter Bäumen. Sie braucht nämlich viel Sonne und diese findet sie nur auf Lichtungen sowie an Wald- undWegrändern.

Die roten Beeren enthalten Bitterstoffe, Gerbstoffe, Flavonoide, Anthocyane, etwas Ascorbinsäure und ätherische Öle. Ihr Genuss kann die Funktion von Galle und Leber verbessern, sie wirkt kräftigend bei Blutarmut, zudem blutreinigend und auch gegen Nervosität.
Genau wie bei den Wilden Himbeeren sind die Blätter der Wilden Erdbeeren von hoher Heilkraft, bedingt durch die dort enthaltenen ätherischen Öle und Gerbstoffe.

Erdbeeren, als Kur mit genügend gesammelten Früchten über den Tag gegessen, sollen bei akuten Lebererkrankungen und Gelenkrheumatismus helfen.

Sammelzeit:

Blätter: Mai bis August;
Früchte: Juli bis September.

Mein Tipp:

In Kuchen, Süßspeisen, aber auch als ungewöhnliche Beilage, zum Beispiel dem chutneyähnlichen Fragolaceto.

Wilde Brombeere

Rubus fruticosus

Auch diese ist – wie die Wald-Erdbeere und die Wilde Himbeere – nur dem Namen nach eine Beere. Botanisch gesehen gehört sie vielmehr zu den Sammelsteinfrüchten. Die »Beere« besteht aus lauter kleinen Steinfrüchten, die jeweils mit dem gewölbten Blütenboden fest verhaftet sind. Unter den Steinzeitfunden der Schweizer Pfahlbauten entdeckte man Kerne, die eindeutig der Brombeere, der Himbeere und auch der Wald-Erdbeere zugerechnet werden konnten. Wir haben es hier also mit uralten Pflanzengesellen, die heute noch so köstlich wie damals schmecken, zu tun. Und schon in dieser frühen Zeit goutierten die Menschen die süßen Früchte nicht nur als Bereicherung ihres Speiseplans, sondern auch aufgrund ihrer Fähigkeit, diverse Alltagsbeschwerden zu lindern.

Ihren heutigen Namen verdankt die Brombeere dem althochdeutschen »bramberi«, Dorngebüschbeere, was auf ihre Wehrhaftigkeit deutet, denn ihre köstlichen Früchte gibt sie nicht so einfach her, große kräftige Dornen erschweren manchmal das Pflücken. Wer kann sich nicht an unangenehme Sammelaktionen erinnern, wo die Arme hinterher fast nach einer unliebsamen Begegnung mit Nachbars Katze aussahen.

Die Wilde Brombeere wächst als stacheliger Strauch; sie klettert mithilfe ihrer zahlreichen Stachel – die zugleich als Fraßschutz dienen – bis zu 3 Metern hoch. Sie besitzt stark gefiederte Blätter, die im Winter nicht abgeworfen werden. Ihre weißen bis rosafarbenen Blüten erscheinen zwischen Juni und September. Daraus entwickeln sich im August die anfangs noch sauren schwarzen Früchte, die mit zunehmender Reife immer süßer werden.
Die Wilde Brombeere kann jedoch nicht nur mit ihren köstlichen Früchten punkten, sondern macht auch Staat mit ihren schmackhaften Blättern. Als pfiffiges Sommerfruchtgetränk zeigt sie sich zudem richtig hip.
Beim Sammeln unbedingt robuste Kleidung tragen! Lange feste Hosen und langärmelige feste Oberkleidung sind absolut empfehlenswert. Die kräftigen Dornen geben nicht so ganz freiwillig den Zugang zu den süßen Früchten frei. Wichtig ist, nur wirklich schwarze Früchte zu pflücken, die sich leicht vom Stiel lösen lassen. Denn geschmacklich gibt es große Unterschiede zwischen vollreifen und fast reifen Früchten: Nur die richtig reifen Früchte sind süß und aromatisch.

Die Brombeere liebt kalk- und stickstoffreiche Böden, sonnige bis halbschattige Lagen und ebenso lichte Wälder oder Waldränder.

Bedingt durch die vielen Wirkstoffe kann die Brombeere gute Hilfestellung bei allerlei Zipperlein leisten. Mit ihren Gerbstoffen, Flavonoiden, Anthocyanen, verschiedenen Säuren – wie der Salicylsäure –, ihrem ätherischen Öl und vor allem mit dem hohen Vitamin C-Anteil wirkt die Wehrhafte blutreinigend, blutstillend, adstringierend, antibakteriell und harntreibend. Die Blätter sind aufgrund ihrer schleimlösenden Eigenschaften als Tee hilfreich bei Atemwegserkrankungen.

Sammelzeit:

Blätter: April bis September;
Früchte: Juli bis September.

Mein Tipp:

Beim Brombeerpflücken unbedingt darauf achten, keine schimmeligen Früchte zu erwischen. Bei feuchtem Wetter bildet sich am Strauch sehr schnell Schimmel, der auch auf die Früchte übergreifen kann. Beim Pflücken heißt es also, genau hinzusehen.

Nach dem Sammeln die Früchte sofort verarbeiten. Entweder frisch zubereiten oder gleich einfrieren, so erhalten sich die Vitalstoffe am besten.

Zaun-Wicke

Vicia sepium

Sie blüht voller Anmut und Begeisterung in der Zeit von Mai bis August. Mithilfe ihrer gefiederten Blattranken klettert sie an ihren Nachbargewächsen hoch, schnürt keinem die Luft ab, lässt jeden leben und ist deshalb in der Nachbarschaft gut gelitten. Und obwohl eher klein und grazil von Wuchs, sticht sie selbst in der üppigsten Wiese hervor durch ihre glänzende lila-purpurfarbene Gestalt.
Die Zaun-Wicke punktet im Kulturanbau als wichtiger und auch geschmacksintensiver Eiweißlieferant für alle Weidetiere. Aber auch den Menschen betört sie mit ihrem köstlichen Geschmack: Die Blüten im Mund zergehen zu lassen erinnert an die süße Frische junger Zuckerschoten. Kein Wunder, gehört sie doch – wie die Gattung der Platterbsen – zur Familie der Schmetterlingsblütler und damit zu den Hülsenfrüchten. Wie der deutsche Name »Zaun-Wicke« uns verrät, lässt sich die Wicke gerne am Gartenzaun nieder.

Ein paar Samen in der Wiese geerntet und am Zaun ausgesät – und die Wicke wird sich im nächsten Jahr nicht lange bitten lassen und das Kletterangebot gerne annehmen. Es ist verführerisch, die Triebe, die Blüten und die kleinen Blättchen direkt vom Zaun abzupflücken und zu kosten.

Häufig auf Wiesen, an Wegrändern, oft als Unkrautbestand auf Äckern. Bevorzugt werden stickstoffhaltigere lehmige Böden.

Die Zaun-Wicke wird zusammen mit den Stoffen der verwandten Platterbse in der Homöopathie bei Multipler Sklerose und Schüttellähmung eingesetzt. Ansonsten kommt sie heute kaum noch zum Einsatz.
Wicken-Samen dienten hingegen in der Bronzezeit sowie im Altertum bei den Ägyptern und Griechen noch vielfach als Nahrungsmittel; intuitiv wusste man wohl um deren Eiweißreichtum. Die Römer sahen die Wicke sogar als potenzsteigernd an.

Alle folgenden Zutatan zusammen gut durchgemixt ergeben eine pikante Salatsauce.

- 1 Handvoll Zaun-Wicke (Blüten, Blätter und Triebe), gut ausgeschüttelt
- 1 geschälter klein geschnittener Apfel
- 1 EL Apfelessig
- 2 EL gutes mildes Öl
- 150 g Schlagsahne
- Salz und frisch gemahlener Pfeffer
- 1 Prise Cayennepfeffer

Sammelzeit:

April bis August. Die z. Tl. etwas bitteren Blätter sowie die knackigen (Blüten-) Triebe ernten wir das ganze Jahr über, vorzugsweise aber April bis Mai. Die Samen der Hülsenfrüchte reifen von Juli bis August.

Mein Tipp:

Beim Pflücken oder Abzupfen sollte man aufpassen: An der Unterseite der kleinen Nebenblätter sitzen oft Ameisen, die den süßen Nektar, der sich dort ansammelt, besonders lieben. Die fleißigen Arbeitstiere wissen scheinbar um die Nektarien, die Zucker ausscheidenden Drüsen.

Wilde Mirabelle

Prunus cerasifera

Die Wilde Mirabelle ist eigentlich eine Wilde Pflaume, wie die Gattungsbezeichnung »Prunus« erkennen lässt. Die Frucht »firmiert« hauptsächlich unter dem Namen Kirschpflaume. Regional nennt man sie aber auch Pflaumenschlehe oder Türkenkirsche, in der pfälzischen Mundart heißt sie Därgelkirsche, in der sächsisch-ländlichen Sterninkel. Und so viele Namen, wie sie trägt, so viele Farben »durchläuft« sie im Zuge der Reifung. Eindeutig ist hingegen: Es handelt sich um eine überaus köstliche Steinfrucht.

Ihre ursprüngliche Heimat liegt in Asien, wahrscheinlich hat Alexander der Große sie auf seinen Kriegszügen mit nach Europa gebracht.

Die Wilde Mirabelle blüht zeitig im Jahr – eine willkommene und wichtige Nahrungsquelle für die frühen Insekten! Die kurz nach der Blüte erscheinenden verkehrt eiförmigen Laubblätter sind fein gekerbt, auf der Oberseite glänzend dunkelgrün und auf der Unterseite matt und hell. Die Frucht reift von Juli bis September, besitzt einen kleinen runden Kern, der sich gut vom Fruchtfleisch lösen lässt. Zunächst gelb, hart und sauer, wird sie später orangefarben bis hellrot und wunderbar süß; zum Schluss ist sie bläulichdunkelrot und überreif, dann schmeckt sie oft mehlig.

Wenn die Erntezeit naht, sieht man an den Sträuchern – die auch Baumhöhe erreichen können – vor lauter Früchten keine Blätter mehr, sondern nur noch gelbe, orangefarbene oder rotblaue Wolken: Eine überschwängliche Farbenpracht lacht uns da an.
Diesen Fruchtreichtum haben sich die Franzosen zunutze gemacht. In der Region Lothringen wurde die Mirabelle kultiviert unter dem Namen »Reine de Lorraine«, die »Königin von Lothringen«. Aus der wilden wurde eine gezähmte Frucht mit durchschlagendem Erfolg. Hier werden jährlich 18000 Tonnen Mirabellen geerntet, das sind 80 Prozent der Weltförderung. Der Siegeszug der »Reine de Lorraine« ist beeindruckend, sie besitzt sogar eine EU-weit geschützte Herkunftsbezeichnung – welche wilde Frucht kann das schon vorweisen?

Die Wilde Mirabelle finden wir an Straßen-, Weg- und Waldrändern sowie an Bächen. Sie ist sehr genügsam und freut sich über jedes freie Plätzchen.

Die Wilde Mirabelle besitzt durch den Anteil Anthocyane eine leicht antibakterielle Wirkung; die Gerbstoffe in der frühen Fruchtphase wirken zudem adstringierend. Die Mirabelle enthält außerdem viel Kalium, Vitamin C und Vitamin B. Sie wirkt entwässernd und verdauungsfördernd. Ansonsten glänzt sie durch einen hohen Genussfaktor, weniger durch nennenswerte Heilkräfte.

1 kg Mirabellen mit Stein in einem Sud aus 1 l Wasser, 150 g Zucker, dem Saft 1/2 Zitrone, dem Mark 1/2 Vanilleschote und 2 Rosmarinstängeln für zehn Minuten aufkochen. Die Früchte mit einer Schaumkelle herausnehmen und in vorbereitete Schraubdeckelgläser füllen. Den Sud nochmals aufkochen lassen und heiß über die Mirabellen geben.
Dieser Mirabellengenuss ist eine pikante geschmackliche Alternative zu Preiselbeeren bei Wild- und Lammgerichten.

Sammelzeit:

Von Juli bis September kann man die Früchte ernten.

Bachbunge

Veronica beccabunga

Echte Brunnenkresse

Nasturtium officinale

Diese beiden leben friedlich und einvernehmlich miteinander. Ihr gemeinsamer Lebensraum ist das fließend-saubere Wasser: Da stehen sie dann gerne nebeneinander oder auch getrennt durch den plätschernden Bachlauf und haben vor allem ein Gesprächsthema: die Reinheit des Wassers, denn von der hängt ihre Lebensqualität entscheidend ab.

Die Bachbunge ist heutzutage die weniger bekannte der beiden, obwohl sie schon unseren frühesten Vorfahren als vitaminreiches Frühjahrsgemüse mundete. Die fleischigen Blätter vom Bach-Ehrenpreis – ein weiterer Name – sitzen gegenständig und glänzend an kurzen Stielen. Wir verwenden die Wildpflanze heute wegen ihres hohen Vitamin C-Gehalts und ihres milden, aber doch würzigen Geschmacks gerne als »Frische-Kick« in Quark- und Frischkäsespeisen.

Erkennen kann man die Bachbunge außer an den dickfleischigen Blättern an ihren Blütentrauben, die aus der Achsel der Blättern langgestielt hervorkommen und viele kleine blaue Einzelblüten aufweisen.

Die Brunnenkresse ist das uns geläufigere Kraut, da sie mittlerweile sogar von Gärtnereien angeboten wird. Ebenso genügsam wie die Bunge liebt auch die Kresse das reine fließende Wasser von Bachlauf oder Quelle. Schon 100 g Brunnenkresse decken den Tagesbedarf eines Erwachsenen an Vitamin C – so hoch ist der Vitaminanteil bei dieser Wildpflanze.

Ihre ebenfalls fleischigen dunkelgrünen Blättchen stehen gefiedert und schmecken rettichähnlich scharf.

Bachbunge und Brunnenkresse in kulinarischer Gemeinschaft ergänzen sich perfekt durch die beiden Geschmackskomponenten scharf und mild. Und hinsichtlich Standort & Co. ist das Duo seelenverwandt – das Folgende gilt somit für beide.

An klaren Quellen, fließenden Gewässern, Feuchtwiesen und Gräben. Man kann die beiden Wildpflanzen bis auf 2000 Meter Höhe finden.

Bei beiden Wildpflanzen ist der Vitamin C-Gehalt sehr hoch; zudem offerieren sie reichlich Mineralstoffe, Bitterstoffe, Gerbstoffe, Aucubin, Saponine. In der Bachbunge findet sich außerdem ein geringerer Jodanteil. Beide gemeinsam innerlich angewendet gelten als hilfreich gegen Milzbeschwerden, Blasensteine, Gicht und Verstopfung; äußerlich sollen sie Hautunreinheiten bessern. Beide wirken blutreinigend und fiebersenkend.

Die ausgepuhlten Samen aus den Schoten der Brunnenkresse – frisch oder getrocknet – besitzen eine pfefferähnliche Note. Fein gemörsert und in Senf eingerührt wirkt dieser besonders pikant. Brunnenkressesamen sind vielfach verwendbar, auch über Käse gestreut oder in die Salatsauce gegeben schmecken sie hervorragend.

Bachbunge und Brunnenkresse in schwach konzentriertem Essigwasser gut waschen. So werden alle unerwünschten »Mitbewohner« zuverlässig entfernt und es wird gleichzeitig die Bitterkeit etwas gemildert.

Sammelzeit:

Gesammelt werden zunächst die jungen Triebe der beiden Pflanzen, dann die Blätter und Blüten zwischen März und Juni sowie ein zweites Mal die Blätter zwischen Oktober und Dezember.

Mein Tipp:

Die Triebe und Blätter der Bachbunge ergeben getrocknet einen blutreinigenden Tee, der für eine Frühjahrskur besonders gut geeignet ist.

Achtung:

Im Sommer sind die Blätter meistens zu scharf und bitter.

Gemeine Wegwarte

Cichorium intybus

Beschreibungen dieser eigenwilligen, sehr aparten Pflanze finden wir schon in ägyptischen Papyrusschriften aus dem 3. Jahrtausend vor Christus So lange dreht und wendet sie nachweislich ihre Blüten immer der Sonne entgegen. Es sind auffällige Schönheiten von leuchtendem Himmelblau, die sich aus am Ende geriffelten Zungenblüten zusammensetzen und an bis zu 1,40 Meter langen Stängeln sitzen. Dabei haben die Blüten nur einen Tag, einen kurzen Vormittag lang Zeit, ihr wunderschönes Kleid zu präsentieren. Danach ist die Pracht vorbei.

Um die Wegwarte ranken sich so viele Geschichten und Mythen wie um kaum eine andere Wildpflanze. Gemäß ihres Namens scheint die Schöne wartend am Wegesrand zu stehen – vielleicht auf den Kräuterkundler, der sie zu neuem Ruhm als Heilpflanze wieder erweckt? Denn schon Berühmtheiten wie Dioscurides und Hildegard von Bingen nutzten die gesundheitsfördernde Kraft der Wegwarte. Als »Blaue Blume der Romantik« kam sie bei Novalis zwischenzeitlich im 18. Jahrhundert wieder zu Ehren – eine kleine Entschädigung wenigstens fürs lange Warten …

Jenseits solcher Romantik ist die Gemeine Wegwarte auch als Wilde Zichorie bekannt. Ihre Blüten, Blätter und Wurzeln kamen vielfältig zum Einsatz, auch ganz profan in der Küche: Die »Kaffeewurzel« wurde in früheren Jahrhunderten getrocknet und zermahlen zu Zichorienkaffee, in der Nachkriegszeit bekannt als Ersatzkaffee oder »Muckefuck«. Die kultivierte Schwester dieser vielseitigen Pflanze – die bleichen oberirdischen Blätter der Wurzel – schätzen wir heute als Salatzichorie, besser bekannt als Chicorée.

Hauptsächlich an Wegrändern, entlang Straßen, Weiden und Äckern.

Als eine der ganz wenigen Wildpflanzen besitzt die Wegwarte eine positive Heilwirkung auf die Milz. Die Ärzte 400 Jahre vor Christus sahen fälschlicherweise die Milz als Produzentin der mit der Schwermut assoziierten »schwarzen Galle« (einer der vier »Kardinalsäfte«) und setzten dagegen – wie die Ärzte im Mittelalter – die Inhaltsstoffe der Wegwarte ein. Bitterstoffe, Gerbsäure, Kalium und Inulin lindern noch heute Galle-, Leber- und Magenbeschwerden. Auch die Blase und der Darm fühlen sich nach der Einnahme von Wegwarte-Produkten wohl.

Die Wegwarte blüht von Mitte Juni bis hin zum ersten Frost. In dieser Zeit sind Blüte, Blätter oder Wurzel vielseitig verwendbar. Die jungen Blätter z. B. verleihen jedem Kultursalat eine pikant-herbe Note. Auf diese Weise kann sich jeder vorsichtig an Wildkräutergeschmack herantasten.

Die Wurzel der Wegwarte wird ausgegraben, gewaschen, mit einem Messer sauber abgeschabt und in kleine Stücke geschnitten. In einer Pfanne ohne Fett die Stücke goldbraun rösten und abgekühlt mahlen oder fein mörsern. Luftdicht in einem Glas verschlossen hält sich dieser »wilde Kaffee« lange. Folgen Sie dem Trend, Neues kombiniert mit Altbewährtem zu testen:

Eine Prise »wilden Kaffee« in den normalen Kaffee gegeben verleiht diesem einen aromatisch-würzigen Geschmack.

Sammelzeit:

Die Blüte mit Kraut: Juni bis Oktober; die Wurzel: September bis Frostbeginn.

Blutwurz

Potentilla tormentilla

Schon der Name ist martialisch-mächtig. Dabei wirkt sie äußerlich so zart und duftig. Kleine knallgelbe vierblättrige Blüten sitzen zusammen in einem niedrig-lockeren Verbund zwischen fiedrigen Blättern und strecken sich gerne der Sonne entgegen.
Blutwurz, »potentilla«, leitet sich vom lateinischen »potentia« = Kraft ab und bezieht sich auf die starke Heilkraft der Wildpflanze. Ein anderer Name, »Ruhrwurz«, deutet schon an, dass die Blutwurz besonders gegen Durchfallerkrankungen helfen soll. Blutwurz liebt halbschattige bis sonnige Plätze, besonders lichte Waldgebiete. Sie mag keine kalkhaltigen Böden und ist deshalb ein guter Indikator für sauren Boden. Bei den Lappen diente der Farbstoff der Wurzel zum Rotfärben der Rentierfelle.
Vermutlich hat die hervorstechend gelbe Farbe unsere Ahnen angelockt und dazu animiert, mal genauer nachzusehen – die enorme Heilwirkung der Wurzel war jedenfalls schon im Mittelalter bestens bekannt.

Auch wir verwenden in der Küche nur den unterirdischen Teil der Blutwurz, der uns weniger wegen seines köstlichen Geschmacks anspricht, sondern vielmehr durch die vielen guten Inhaltsstoffe überzeugt: Mit einem »Blutwurz-Schnäpsle« als Digestif nach dem Essen tut man sich beispielsweise eindeutig etwas Gutes.
Aus alten Familienerzählungen weiß ich, dass die Blutwurz bitter und scheußlich geschmeckt haben muss. Doch meine Großmutter schwor auf deren Wirkung. Und es geht auch weitaus schmackhafter: Alles eine Sache der Zubereitung!

Die Blutwurz liebt feuchte, fast nasse Böden. Wiesen, Waldränder, Moore – aber bitte mit (etwas) Sonne!

Die reichhaltige Tormentillsäure wirkt adstringierend, hilft – innerlich angewendet – bei der Blutstillung, gegen Entzündungen und Wundfieber, gegen Durchfall und Krämpfe. Die Gerbstoffanteile helfen – äußerlich angewendet – in Form von Mund- und Gurgelwasser gegen lockere Zähne, Zahnfleisch- und Mundschleimhautentzündungen sowie gegen Entzündungen im Allgemeinen.

Blutwurz hat zudem den Ruf, den Blutzuckerspiegel zu senken, und kann therapeutisch auch bei Diabetes eingesetzt werden. Es gibt eine hervorragende Tinktur von der Blutwurz, deren gesundheitsfördernde Wirkung gar nicht genug hervorgehoben werden kann.

Die ausgegrabene Wurzel säubern, gut bürsten und in Stücke schneiden. Man benötigt 100 g Wurzelstücke. Mit 500 ml 60%igem Alkohol aufsetzen und zehn Tage warm stehen lassen, dann in eine saubere verschließbare Flasche umfüllen. Trocken lagern und bei Entzündungen und Beschwerden 10 bis 15 Tropfen der Tinktur einnehmen. Meiner Meinung nach verfügt Blutwurz über die stärksten Heilkräfte in der Natur.

Sammelzeit:

Im Frühjahr und im Herbst ist die beste Zeit, um Teile der Wurzel auszugraben. Wichtig dabei: immer nur ein Stück abstechen, damit die Pflanze weiterwachsen kann. Das Wurzelstück wirkt wie ein dicker Daumen, außen schwarz-braun, im Inneren blutrot.

Schwarzer Holunder

Sambucus nigra

Im Frühjahr beglückt er uns mit seinen weißen Blüten und hervorragenden Küchen- und Gesundheitseigenschaften, im Herbst verwöhnt er uns mit dem »blauen Segen« seiner Beeren. Diese enthalten eine so hohe Menge an Vitamin C und Vitamin B1, dass man sie als wahre Vitaminbomben bezeichnen kann.

Nur wenigen Wildpflanzen – wobei es sich hier um einen regelrechten Strauch handelt – haben unsere Vorfahren so viel Respekt entgegengebracht wie dem Holunder. Heilen, Ernähren, das Kinderherz erfreuen: Das alles gehört zu seinem Wesen. Geschichtlich gesehen ist er ein Tausendsassa. Und das schon seit prähistorischen Zeiten. Davon zeugen Samenfunde aus Steinzeitsiedlungen. Bereits Hippokrates, Dioscurides oder Hildegard von Bingen schätzten die Heilkraft des Holunders, aber sie und unsere Vorfahren wussten noch nicht, warum dessen Genuss so gut tat.

Der Holunder oder Holler galt außerdem von der Antike bis zum Mittelalter als heiliger Baum, weil man dort den Sitz der guten Hausgeister vermutete. Er bot Abwehr gegen böse Magie, Schutz vor Feuer und Blitzeinschlag und war so würdig, dass man beim Vorbeigehen den Hut ehrerbietig zog.

Der Schwarze Holunder liebt feuchte, aber auch steinige Plätze wie Waldränder, Flussufer, Hohlwege, Schluchten und manchmal auch ganz einfach den heimischen Garten.

Durch die hohen Anteile an Vitamin A, C und B1 stärkt der Verzehr der Beeren das gesamte Immunsystem. Vitamin J, ein Bioflavonoid, wirkt heilend bei Lungenkrankheiten. Die Blüten enthalten ebenfalls Flavonoide, ätherische Öle, Gerb- und Schleimstoffe sowie viele Vitamine der B-Gruppe wie etwa B1, B2 und B12. Alle diese sind sehr hilfreich bei der Bekämpfung von Erkältungskrankheiten, fieberhaften Erkrankungen und auch von Schmerzen.

Holunderblüten vorsichtig schütteln (wegen der kleinen Käfer) und im Backofen bei 50 °C etwa 1 Stunde trocknen lassen. Danach halb und halb mit Puderzucker vermischen. Diese Mischung ist eine ganz feine, die sich in einem Schraubdeckelglas sogar bis zur nächsten Ernte gut aufheben lässt. Süßes wie Pfannkuchen, Obst oder Pudding bekommt damit bereichert einen Extra-Kick.

Wichtig: Die Beeren niemals roh essen! Sie können Erbrechen sowie Magen- und Darmprobleme auslösen. Abgekocht hingegen sind sie unvergleichlich köstlich und gesund, sei es zum Beispiel zu Saft oder Gelee verarbeitet.

Sammelzeit:

Die Blüten Juni bis Juli; die Beeren September bis Oktober.

Wilde Heidelbeere

Vaccinium myrtillus

»In die Blaubeeren gehen« – diese alte Redensart verspricht auch heute noch einen ganz besonderen Ausflug: Gemeinsam mit Freunden oder der Familie an einem warmen Spätsommertag hinausziehen in den lichten Wald, über Teppiche aus weichem Moos laufen, von würzig duftenden Kiefern beschattet, und die blauschwarzen Beeren von den 10 bis 60 Zentimeter hohen Sträuchern absammeln. Genuss und Gesundheit pur!

Besonders die Wildform der Heidelbeere steckt voller gesunder Inhaltsstoffe. Die Anthocyane – die dunklen Farbpigmente – schützen die menschlichen Zellen vor aggressiven Molekülen. Die durch und durch »Blaublütige« offeriert zudem reichlich Vitamin C, E, Mangan und Ballaststoffe. Und ob roh oder gekocht – sie schmeckt gleichermaßen gut.

Schon die Römer wussten die kleinen blauen Vitaminbomben vielfältig einzusetzen. Bei ihren opulenten Gelagen waren die Beeren allein schon ihrer Farbe wegen der Hingucker; von den gar angenehmen »Stärkungsergebnissen« ganz zu schweigen … Wer heutzutage der blauen Beere verfallen ist, der sollte einen Ausflug in den äußersten Nordosten Deutschlands unternehmen.

Das kleine vorpommersche Städtchen Eggesin, inmitten des Naturparks »Am Stettiner Haff« gelegen, trägt nicht ohne Grund den Beinamen »Blaubeerstadt«. Es dreht sich hier (fast) alles nur um »das Eine«: ein Denkmal zu Ehren der Blaubeere im Stadtzentrum, eine »Blaubeerscheune« mit integriertem Museum, Mitte Juli ein traditionelles Blaubeerfest mit Wahl der Blaubeerkönigin, Bauernmarkt und Schlemmermeile – natürlich rund um die Blaubeere. Kurzum: Eggesin liegt mitten im Heidelbeerparadies.
Beliebteste Standorte für die Wilde Heidelbeere sind bodensaure Nadelwälder, Gebüsche und Heiden, in Kalkgebieten ist sie kaum anzutreffen. Das beliebte hochwertige Wildobst tut gut: In der Heidelbeerzeit könne der Arzt in Urlaub gehen, besagt ein alter Spruch und daran ist wohl etwas Wahres. Der Genuss des »blaublütigen« Fruchtsafts verhilft dem ganzen Körper zu Wohlbefinden.

Die Blaubeere liebt halb schattige Wälder – bevorzugt Kiefernwälder –, Hochmoore und Heidelandschaften.

Die Vitamine C und E sowie das Mangan geben der Wilden Heidelbeere die nötige Heilkraft, die bereits Hildegard von Bingen erkannte. Zudem stellen die Anthocyane – ihr Hauptwirkstoff – und die Flavonoide gemeinsam eine sehr nützliche »Schutztruppe« für unsere Gesundheit. Getrocknete Heidelbeeren sind aufgrund ihrer hohen Konzentration an Gerbstoffen außerdem ein bewährtes Hausmittel gegen Durchfallerkrankungen. Und sogar in der Behandlung von Augenproblemen hat die »Blaublütige« sich als Naturarznei einen Namen gemacht; die Anthocyane unterstützen die Sehempfindlichkeit und aktivieren die für das Hell-Dunkel-Sehen verantwortlichen Stäbchenzellen.

Sammelzeit:

Von Juli bis September können wir uns an den Beeren erfreuen.

Mein Tipp:

Heidelbeeren gelten als Früchte mit höchster Wirksamkeit gegen oxidativen Stress. Weil Wildheidelbeeren besonders viele dieser Radikalenfänger enthalten, lohnt sich auf jeden Fall der Ausflug in den Wald.

Im Gegensatz zu kultivierten Heidelbeeren sind die wilden Früchte innen und außen blau, Anzeichen dafür, dass der wichtige Farb- und Wirkstoff sich sowohl in der Schale als auch im Fruchtfleisch befindet.

Gundermann

Glechoma hederaceum

Gundermann oder Gundelrebe – ob Männlein oder Weiblein spielt hier keine Rolle. Im zeitigen Frühjahr sprießen kleine blaue bis violette Blüten aus aufrechten Trieben eines weitverzweigten Wurzelstocks, der seine Ausläufer überall hinschickt. Sie ziehen sich an Zäunen hoch und halten sich gern auch einmal an anderen Pflanzen fest.
Dieses Wildkraut – wir nennen es, Emanzipation hin oder her, einfach Gundermann – ist ein echtes Energiebündel. Und zwar in vielerlei Hinsicht: Neben seiner Widerstandskraft gegenüber vernichtungswilligen Gärtnern sind sowohl seine Eignung für die Kräuterküche wie seine Heilwirkung beeindruckend.
Schon im Mittelalter war der Gundermann bekannt und als Naturheilmittel sehr geschätzt. So hat ihn zum Beispiel Hildegard von Bingen gegen Entzündungen äußerlich angewendet. Aber er punktet auch mit unverwechselbarem Geschmack und besonderem Duft. Die runden bis herzförmigen, an den Rändern eingekerbten Blätter duften beim Zerreiben aromatisch-herb – und danach fühlt sich unsere Haut wunderbar weich an: Das enthaltene Öl sorgt für diese Geschmeidigkeit.

Sammelzeit:

Zeitiges Frühjahr bis später Herbst.

Mein Tipp:

Da der Sammler überall an Wiesen-, Feld- und Waldrändern Gundermann findet, gilt dieser als eines der beliebtesten Küchenwildkräuter. Frisch gepflückt und gleich verwendet hebt sein Aroma jede deftige Suppe.

Achtung:

Obwohl die Heilkräfte des Gundermanns beim Menschen Wirkung zeigen, etwa bei Erkrankungen der Atemwege, Wunden oder Gelenkbeschwerden, darf er nicht als Heilmittel bei Pferden verwendet werden, da bestimmte Wirkstoffe für Pferde giftig sind.

An schattigen Plätzen im Wald, an Zäunen, unter Hecken, an Baumstümpfen, auf Äckern, in Vorgärten, an Mauern.

Gundermann enthält vor allem viel Gerbsäure und Bitterstoffe sowie salpetersaures Kali. Als Tee wirken Kraut und Blüte schleimlösend und anregend auf die Luftwege, die Leber und den Magen-Darm-Trakt sowie lindernd bei Magenschleimhautentzündungen. Äußerlich angewendet helfen Umschläge mit dem Kraut gut gegen Entzündungen.

Gundermannblättchen werden in der Küche vor der Blüte verarbeitet. Es gibt unendlich viele Verwendungsmöglichkeiten für die Gundelrebe, nur für einen Wildkräutersalat gilt: Weniger ist hier mehr, da sonst der Gundermanngeschmack im Salat zu dominant ist.

Wiesen-Sauerampfer

Rumex acetosa

Wiesen-Sauerampfer – sauer macht lustig! Der Spruch hat zwar einen Bart – aber beim Sauerampfer jegliche Berechtigung. Denn aus seinem Namen, der im Grunde eine Tautologie darstellt, könnte man sogar schließen: Doppelt sauer macht doppelt lustig! »Ampfaro« nämlich ist das althochdeutsche Wort für »sauer«.

Im zeitigen Frühjahr schieben sich ovale bis pfeilförmige lang gestielte kleine Blättchen aus dem Boden, die immer mehr und höher werden und bald eine üppige Familie bilden. Die Blätter sind reich an Vitamin C und A. Die Blüten wachsen an Stielen und an einfachen Seitenverästelungen, erst als kleine grüne Knötchen, dann rundherum an den Stängeln als lachsfarbene bis dunkelrote Perlen. Männliche und weibliche Blüten sind getrennt an verschiedenen Stielen, die nussförmigen Samen besitzen als »Flughilfe« minikleine perlmuttfarbene Taler zwecks Verbreitung.

Der Sauerampfer blüht zweimal im Jahr. Zunächst im Mai und nochmals im August. Und die Natur zeigt sich großzügig: Das ganze Jahr über wachsen immer wieder neue kleine Blätter nach.

Die »Lustigkeit« stellt sich nach dem Verzehr ein – je nach Dosierung! Schon die alten Griechen, Römer und Ägypter wussten um das »Janusgesicht« des Knöterichgewächses: Fettes Essen wird bekömmlicher durch die Zugabe von Sauerampfer; man setzte ihn somit großzügig ein. Schon damals sorgte die reichlich enthaltene Oxalsäure für »Völlerei« ohne Reue, denn sie half der Verdauung auf die Sprünge. Roh hingegen und übermäßig zu sich genommen, wirkt es meist unangenehm bis hin zu regelrechten Magenkrämpfen. Das sollte man vor allem Kindern erklären. Wichtig zu wissen: Beim Kochen und Braten zerfällt die Oxalsäure weitgehend, übrig bleibt eine angenehme Verdauungshilfe. Auch hier heißt der Leitspruch: In Maßen genießen!

Der Sauerampfer enthält sehr viel Vitamin C und A sowie reichlich freie Oxalsäure, Gerbstoffe und Flavonoide. Er wurde früher zur Blutreinigung und für Entschlackungskuren im Frühjahr verwendet. Als wohltuend und lindernd erweist er sich bei Reizhusten sowie Hautproblemen und Beschwerden an der Mundschleimhaut. Die Wirkstoffe des Sauerampfers findet man in einigen bekannten Arzneimitteln zur Behandlung der oberen Atemwege.

Oft steht der Sauerampfer als Pionierpflanze auf offenen Böden und dient so zugleich als »Boden(be)festiger«. Er liebt feuchte stickstoffreiche Plätze, vor allem Wiesen – für die Landwirtschaft oft ein Problem, da er sich als Silage und Heu schlecht verwenden lässt.

Rohe Sauerampfersauce ist im Frühjahr einer der besten Fitmacher für Frühjahrsmüde.
Den ausgepressten Saft mit etwas Zucker und Essig – nach Geschmack – verrühren. Ein paar frische im Mörser zerstoßene Blätter zusätzlich verleihen dem Saft eine leicht sämige Konsistenz. Sauerampfersauce schmeckt zu fast allem: zu Eiern, zu Fisch, zu Fleisch oder Wild und auch zum Vesperbrot mit Käse. Die Blütenknospen geben einem Tomatensalat eine besonders pikante Note.

Sammelzeit:

Vom Frühjahr bis in den Herbst schiebt die Wildpflanze immer wieder junge Blätter nach.

Mein Tipp:

Blätter aller dazu geeigneten Pflanzen ergeben beim Auspressen zu Saft im Mixer oder Entsafter meist nur geringe Mengen. Um dennoch einen aromareichen Saft – wie hier mit Sauerampferaroma – genießen zu können, einfach kleine Apfel- und Karottenstücke zugeben. So lassen sich außerdem nicht nur Blätter besser pressen, der Saft wird dadurch auch etwas milder und eben ergiebiger.

Wilde Preiselbeere

Vaccinium vitis-idaea

Es besteht eine Verwandtschaft ersten Grades zwischen der Wilden Preiselbeere und der Wilden Heidelbeere. Sie stehen oft beieinander und erzählen sich gerne Familiengeschichten – dabei sind sie doch sehr unterschiedlich. Die Preiselbeere nämlich hat sich für eine etwas eigenwilligere Lebensart entschieden. Sie neigt nicht so sehr dem Volkstümlichen zu, sondern mehr der Aristokratie, die oft nur allzu gern die eine oder andere kleine Eigenheit pflegt. Was bereits beim Blattwerk anfängt: Sie behält es eigensinnig das ganze Jahr über, scheut da keine Mühen – denn es kleidet doch ungemein, im Herbst immergrün zu leuchten und im Winter edel schimmernde Frostkristalle auf dem Grün zu tragen! »Her Highness« biedert sich außerdem nicht gleich an: Sie mal eben schnell roh zu essen – nicht mit ihr, viel zu herb und bitter schmeckt sie dann. Sie möchte erst ein bisschen hofiert, sprich einfach kurz blanchiert werden.

Die Preiselbeere wähnt sich eben ein bisschen vornehmer als die Heidelbeere. Schließlich besitzt sie den spektakuläreren (kultur-)geschichtlichen Hintergrund. Obwohl unsere Urväter beide Beeren kannten, ist die edle Rote doch die absolute Nummer eins in der finnischen Mythologie: In der »Kalevala«, dem finnischen Nationalepos, gerät die Jungfrau Marjatta nach dem Genuss einer Preiselbeere in andere Umstände und bringt einen Sohn zur Welt, der schon bei der Geburt mächtiger und weiser ist als der berühmte große Weise Väinämöinen.
Auch beim Wuchs pflegt der Kleinstrauch so seine Eigenarten: Manchmal präsentiert er sich aufrecht, ein andermal klein und kompakt, ab und an sogar kriechend – aber immer flaumig behaart. In der Blütezeit von Juni bis August sitzen bis zu acht Blüten in einer Traube zusammen. Sie bilden kleine Glocken mit einem langen Staubfaden – einem Glockenseil ähnlich – in der Mitte. Danach reifen die Beeren, erst weiß, später dann leuchtend rot.

Die Preiselbeere liebt – wie alle Heidekrautgewächse – sauren basenarmen Boden und braucht ein Zusammenleben mit Wurzelpilzen. Sandböden, Moorheide, Bergheide und Kiefernwälder sind die bevorzugten Besiedelungsgebiete.

Die Beeren enthalten die Vitamine A, C, B1, B2, B3, außerdem Mineralstoffe wie Kalium, Magnesium und Phosphat. Die Anthocyane schützen vermutlich vor Nieren- und Harnblaseninfektionen. Ascorbin- wie Salicylsäure sind weitere hochwirksame Inhaltsstoffe.

Preiselbeeren können getrocknet als Beigabe in Müslis oder auch beim Backen reichlich Verwendung finden. Die wenigsten Sammler wissen aber, dass im April bis Mai gesammelte frische junge Blätter, fein gehackt, Saucen für helles Fleisch und Fisch eine kräftige Würze verleihen. Getrocknete Blätter als Tee zubereitet dienen der Blutreinigung.

Sammelzeit:

Die Beeren sind reif ab August und lassen sich bis Anfang September pflücken.

Gewöhnlicher Meerrettich

Armoracia rusticana

Eine Herkunftstheorie sieht den Meerrettich aus Asien – »übers Meer« – als »Flüchtling« in unsere Gefilde gelangen, eine andere verortet seine Heimat in Süd- oder Osteuropa. Wie auch immer: Er hat als »Reisender in Sachen Heilwirkung« an Straßen- und Wegrändern seine Zelte aufgeschlagen und sich bei uns sesshaft niedergelassen. Seine auffallend großen, voluminösen Blätter luden zum Probieren ein, bereits unsere Vorfahren entdeckten deren nachhaltige Schärfe wie auch die des dicken Wurzelstocks – ein von Kopf bis Fuß scharfer Gesell. Heute weiß man: Es sind die im Meerrettich enthaltenen ätherischen Senfglykoside, die beim Zerreiben und Einatmen die Nase so schön frei machen.

Von der Heilwirkung des Krens – so der süddeutsche Name – war man schon früh überzeugt: Auf einem antiken Wandgemälde in Pompeji ist er verewigt worden.

Die Kinder unserer Vorväter trugen oft Amulette aus aufgefädelten Meerrettich-Wurzelscheiben um den Hals. Und man traute einer rohen Wurzelscheibe, in die Geldbörse gelegt, zu, dauerhaft eine drohende Ebbe in der Kasse zu verhindern.

Der deutsche Pflanzenname lässt sich zum ersten Mal im Althochdeutschen (10. Jahrhundert) belegen. Ansonsten aber ist die Namensherkunft kaum wissenschaftlich gesichert: Ein Botaniker des 20. Jahrhunderts deutet den Namen als »ein Rettich, der übers Meer zu uns kam«. Eine andere Theorie sieht die Mähre, das alte Pferd, als Namensgeberin – was sich im französischen »radis de cheval« und englischen »horse-radish« manifestiere.

Man findet den Meerrettich am Rande feuchter Wiesen, an Bachläufen und Flüssen. Lehmige Sandböden und sandige Schwemmlandböden liebt er über alles.

Dieser imposante scharfe Geselle hat es wirklich in sich: Von den Blütenspitzen über die Blätter bis hinunter in den letzten Wurzelzipfel ist er ein Heiler. Die ätherischen Öle sind in allen Pflanzenteilen enthalten und durch die antibakterielle Wirkung unterstützt er die Bemühungen des Arztes.
Der Meerrettich punktet mit allerhand Inhaltsstoffen: Vitamin C, B1, B2, B6, Kalium, Calcium, Magnesium, Eisen, Phosphor und ätherischen Ölen (wie die Senföle in den Wurzeln); Letztere besitzen zudem antivirale Wirkung.

Das Meerrettich-Öl wirkt nachgewiesenermaßen entgiftend bei Streptokokken- und Staphylokokken-Infektionen. Eine Kombination aus Kapuzinerkresse-Kraut und Meerrettich-Wurzel weist bei In-vitro-Studien sogar ein solch breites antibakterielles Wirksamkeitsspektrum auf, dass man sie gegen etliche klinisch relevante Bakterienstämme einsetzen kann, unter anderem gegen die im Krankenhaus so gefürchtete MRSA. Die Blätter, fein geschnitten gegessen, haben eine beruhigende Wirkung auf das gesamte Verdauungssystem.

Eine Meerrettichsauce ganz nach dem Geschmack aller Wildkräuterfans:
1 EL geriebener Meerrettich vermischt mit 1 TL fein geschnittener Schafgarbenblätter in 1/8 l Milch gerührt und mit etwas Essig, Salz und einer Prise Zucker verfeinert ist eine pikante Saucen-Variante.

Sammelzeit:

Die Blätter und Blüten (mit fast denselben Inhaltsstoffen wie in der Wurzel!) erntet man im Sommer und Herbst. Die winterharte Wurzel können wir von Oktober bis ins Frühjahr hinein ausgraben.

Breitwegerich

Plantago major

Spitzwegerich

Plantago lanceolata

Die lateinische Bezeichnung »plantago« ist auf »planta«, die Fußsohle, zurückzuführen. Nicht weiter verwunderlich, denn der Breitwegerich hat schon die römischen Legionäre auf ihrem Marsch über die Alpen »fußlindernd« begleitet. Die Ärzte wussten bereits damals um seine entzündungshemmende und beruhigende Wirkung auf Wunden. Hildegard von Bingen zeigte auch die heilenden Kräfte des Spitzwegerichs auf. Liebevoll wurde der Wegerich deshalb auch von unseren Vorfahren als »König der Wiesen und Waldränder« bezeichnet.

Die Familie der Wegeriche ist weit verzweigt und überall bekannt – aber heutzutage nicht immer geliebt. Der Kulturgärtner versucht oft mit allen Mitteln, das zähe Kraut loszuwerden – oft vergeblich, da hilft es nur sich zu arrangieren.

Breit- und Spitzwegerich besitzen zwar dieselben Wirkstoffe, doch unterschiedlicher in Aussehen und Darstellung können Geschwister nicht sein:

Der Breitwegerich wächst flach und dicht mit deutlicher Bodenhaftung. Unter seinen Blättern gewährt er niemandem sonst Raum, dort ist zudem der Boden stark verdichtet. Kurzum: Der egoistisch platzergreifende Geselle liebt die Wegesränder und hat dort stets die lang gezogenen Freiflächen fest im Blick – eine dunkle Erinnerung an die römischen Fußmärsche mag ihn vorantreiben.

Der Spitzwegerich hingegen – schmal, aufstrebend und elegant von Gestalt – bevorzugt Wiesen, ungedüngtes Land, manchmal auch den Asphalt an der Straße; er liebt es luftig. Durch seine Größe fällt er mehr ins Auge als sein ungleicher Bruder und ist zudem das bekanntere Wildkraut in der Küche. Die ungleichen Brüder haben zwar eine sehr unterschiedliche Wuchsform, aber ihre Inhaltsstoffe sind ganz ähnlich, da lässt sich die Familienzugehörigkeit nicht leugnen. Spitzwegerich hat eine blutreinigende Wirkung, die Wirkkräfte des Breitwegerichs dienen eher der Bekämpfung von Husten und Bronchitis.

Die klein geschnittenen jungen Blätter schmecken, entweder frisch an Salaten oder kurz in Butter geschwenkt, zu allen Kartoffel-, Nudel- und Reisspeisen; auch als Hüllen zum »Einpacken« von Fleisch(gerichten).

Der Breitwegerich liebt die Wegesränder, ob asphaltig oder erdig, dort säumt er gerade Strecken. Aber er lässt sich auch in Gärten nieder, wo ihn keiner mag. Den Spitzwegerich findet man auf Wiesen und Kulturland ohne Düngung – und manchmal treffen sich die Brüder im brüchigen Asphalt.

Beide Wegeriche offerieren dieselben Wirkstoffe: Bitterstoffe, Aucubin – bakterienvernichtende Wirkstoffe, nicht ganz so stark wie Penicillin, aber doch sehr hilfreich –, Labenzyme gegen Magenbeschwerden, Mineralstoffe, ätherische Öle sowie Kalzium- und Kieselsalze, Vitamin C, Gerbstoffe und Schleimstoffe. All dies kommt zum Einsatz gegen Magen- und Darmentzündungen, Bronchitis, Lungenentzündung und Keuchhusten.

Spitzwegerich und auch Breitwegerich verlieren ihre Bitterkeit, wenn ins Kochwasser etwas Milch oder Sahne gegossen wird, die die bittere Note mildern.

Sammelzeit:

Vom zeitigen Frühjahr bis in den Herbst hinein wachsen die beiden Wegeriche unermüdlich immer wieder neu und versorgen uns mit frischen Blättern.

Schafgarbe

Achillea millefolium

Schafgarbe – Dienerin vieler Herren und Frauen: Dieser Name verpflichtet – da muss man als Wildkraut schon sehr gut sein. Der griechische Held des trojanischen Krieges, Achilleus oder latinisiert Achilles, wird nämlich als Namenspate der lateinischen Pflanzenbezeichnung vermutet: Aus Rostspänen, die von Achills Speer auf das Schlachtfeld fielen, soll der Legende nach die Schafgarbe entstanden sein. Und mit dieser heilte er wiederum die Wunden seiner Krieger. So verwundert es auch nicht, dass den Überlieferungen nach der kraftvolle Speer selbst nicht nur verletzen, sondern auch heilen konnte. Noch heute schätzen Ärzte die vielfältigen Dienste dieses uralten Heilkrauts, das übrigens im Volksmund auch als Bauchweh-, Blut(still)- und Frauenkraut bezeichnet wird.

Der deutsche Name Schafgarbe rührt her aus einer von Hirten oft gemachten Beobachtung: Tiere, denen es offensichtlich nicht gut ging, wurden wieder munter nach dem Verzehr von Schafgarbe.

In der Kräuterküche punkten die gefiederten jungen Blätter, frisch gepflückt, mit einem aromatischen, leicht bitteren Geschmack, den es zu nutzen gilt.

Die Schafgarbe ist in Kombination mit anderen Kräutern zudem vielseitig verwendbar. Und sie überzeugt als Trockengewürz: Die komplette blühende Pflanze erweist sich, behutsam – nicht in der prallen Sonne! – getrocknet, als fein-aromatisches Würzkraut. In einer der berühmtesten Kräutersuppen nimmt das Kraut des Achilleus einen prominenten Platz ein. Alexander von Humboldt (1769–1859), Naturforscher und Entdecker, verordnete sich selbst jedes Frühjahr eine selbst entwickelte Gesundheitskur, bei der er auf seine Kräutersuppe schwor. Hiervon aß er zwei bis drei Wochen lang jeden Tag – und fühlte sich nach eigenen Angaben frisch wie ein Fischlein im Wasser. Alexander von Humboldt wurde 90 Jahre alt.

Bedingt durch die komplexen Mengen an ätherischen Ölen, Gerbstoffen, Flavonoiden, Bitterstoffen und die antibiotischen Substanzen hat die Schafgarbe die Gabe, dem Menschen vielfältig zu helfen. Als Tee in heißem Wasser gelöst und als Saft gepresst ist sie ein »Allheilmittel« gegen Krämpfe, Magen-, Darm- und Kreislaufbeschwerden.

Auf Wegen, Wiesen, Getreidefeldern bis in Höhen von 2500 Metern findet man die Schafgarbe. Lediglich feuchte und nasse Böden mag sie nicht.

Die Schafgarbe ist nicht nur eine hervorragende Heilerin und Küchenhelferin, sie ist auch noch eine attraktive Erscheinung und macht mit ihrem leuchtenden Blütenkopf auf sich aufmerksam. In der Küche harmoniert sie mit anderen Wildkräutern wie Meerrettich, Brunnenkresse und Sauerampfer. Ihre Blätter schaffen mit einem leicht muskatähnlichen Geschmack ein gutes Gegengewicht zu den sauren Noten dieser Wildkräuter.

Sammelzeit:

Hochsommer: das erblühte Kraut im Juli und August.

Mein Tipp:

Frische junge Schafgarbeblättchen verleihen mit ihrer Muskatnote kräftigen Suppen und Eintöpfen eine angenehme Würze.

Vogelmiere

Stellaria media

Vogelmiere oder Sternmiere – eine Multikulti-Urpflanze eurasischer Herkunft: Ihr Ursprung liegt ein wenig im Dunkeln, man kannte sie aber wohl bereits in der Jungsteinzeit. »Diplomatisch« betrachtet ist sie eine Eurasierin. Der Kulturgärtner schätzt und hasst sie gleichermaßen. Denn einerseits ist die Vogelmiere bewährt als Stickstoffanzeiger und sorgt zudem als »Mulchersatz« für einen nährstoffhaltigen Boden; andererseits besitzt sie alle Qualitäten eines »Unkrauts«. Vital, ausdauernd und vor allem vermehrungsfreudig überzieht sie in null Komma nichts den Boden großflächig mit einem dichten Rasen und wuchert üppig mit ihren kleinen weißen sternförmigen Blüten – ganz ihrem zweiten Namen Sternmiere gemäß. Zudem ist sie völlig frei von Ressentiments gegenüber einem spezifischen Standort; Hauptsache, ein guter Boden, wo der sich befindet, spielt kaum eine Rolle. Kurzum: Dieser fast weltweit beheimatete Kosmopolit unter den Wildkräutern überzeugt durch seine grenzenlose Anpassungsfähigkeit. Die Vogelmiere »beliefert« unsere Kräuterküche fast ganzjährig: Ab März wächst und blüht sie unermüdlich – mit bis zu drei Generationen pro Jahr –, nur im strengsten Winter macht sie mal einen Monat Pause.

Fast permanent verfügbar, die oberirdischen Pflanzenteile komplett essbar, knackig und wohlschmeckend nussig zugleich, sowohl als frisches Kraut wie auch blanchiert verwendbar: Sie ist ein wahres Vielseitigkeitstalent.

Man findet die Vogelmiere auf Äckern, in Gärten und Weinbergen, am Wegesrand, auf Schuttplätzen und an Ufern. Im Halbschatten oder in der Sonne, und zwar überall dort, wo der Boden halbwegs nährstoffreich und feucht ist.

Durch seine Saponine besitzt das Kraut sehr gute schleimlösende Eigenschaften zum Beispiel bei Husten und Bronchitis. Es punktet mit viel Vitamin C (bereits 50 g Vogelmiere decken den Tagesbedarf eines Erwachsenen), zudem mit Rutin und Kaliumsalzen.

Sammelzeit:

Ganzjährig vom zeitigen März an.

Mein Tipp:

Vor der Zubereitung der Vogelmiere sollte man sie immer mit einer Küchenschere zerschneiden. Die langen Stängel enthalten einen zähen Faden, der beim Essen stört.

Wiesen-Bärenklau

Heracleum sphodylium

Bereits die alten Griechen haben dem Heracleum wundersame Fähigkeiten angedichtet: Aufgrund seiner Bärentatzen-artigen Blätter verleihe er jedem, der ihn esse, Bärenkräfte. Und diese übrigens in so mancherlei Hinsicht … Wobei wir den Glauben an die aphrodisierende Wirkung des Krauts heutzutage nicht mehr für bare Münze, sondern eher schmunzelnd zur Kenntnis nehmen: Bei einem meiner ersten Kräuterlehrgänge sagte mein alter sehr erfahrener Führer in trockenstem Bairisch: »Dös huilfd dem oidsten Manderl auf Weiberl nauf«.
Der Wiesen-Bärenklau ist eine mehrjährige hochwüchsige und großblättrige Pflanze, bedeckt mit vielen kleinen Härchen. Zur Blütezeit zeigt er große vielstrahlige Dolden. Die Bienen lieben ihn dann sehr als schmackhafte Weide. Und als häufiger Bestandteil des Kräuterstraußes wird er oft heute noch Anfang August zu Mariä Himmelfahrt im Rahmen der Kräuterweihe gesegnet.
Den krautigen Gesellen trifft man an bis in eine Höhe von 2500 Metern. Die Bauern allerdings sehen ihn generell ungern, da er allzu dominant auftritt.

Was uns wiederum freut: Denn durch das mehrfache Mähen der Wiesen, auf denen er gerne wächst (daher auch sein Beiname), sprießen immer wieder schmackhafte neue junge Blätter.

Die Blätter besitzen eine intensive pfeffrige Note, die Sprossen sind etwas milder.

Der Wiesen-Bärenklau zeigt von den Blütendolden her eine gewisse Ähnlichkeit mit einigen Vertretern der Gattung Engelwurz; da sein Blattwerk sich aber deutlich von deren unterscheidet besteht kaum Verwechslungsgefahr. Die »Bärentatzen« hat zudem nur der wesentlich häufiger anzutreffende Bärenklau. Wir können uns allerdings sowieso ganz entspannt zurücklehnen, da beide Wildkräuter in etwa die gleichen geschmacklichen wie heilenden Eigenschaften aufweisen. Wobei unser »Kraftprotz« hinsichtlich letzteren im Vergleich zum Arznei-Engelwurz recht schwach auf der Brust daherkommt.

Sein deutscher Name lässt sich wohl auf die Ähnlichkeit der rauen haarigen Blätter mit Bärentatzen zurückführen. Die Blätter sind von graugrüner Farbe, ungleich eingeschnitten, und haben dickbauchige Blattscheiden.

Im Geschmack sind sie stark würzig, aber nicht bitter. Wegen dieser Würze eignet sich der Wiesen-Bärenklau besonders zum Aufpeppen von Kartoffelgerichten: Haben Kartoffeln im Frühjahr nach langer Winterlagerzeit Geschmack verloren, dann verleiht ihnen der Wiesen-Bärenklau zusätzliches Aroma.

Wie sein Name schon sagt, liebt er die Wiesen und allgemein einen nährstoffreichen Boden. Man sieht ihn an Bachläufen, Feldrändern, lichten Waldrändern.

Der Bärenklau gilt als blutdrucksenkend, verdauungsfördernd, entzündungslindernd, anregend und – ohne Beweis zwar – als potenzsteigernd im weitesten Sinne. Als Inhaltsstoffe bietet er unter anderem ätherische Öle, Vitamin C, Carotin, Gerbstoffe und Eisen.

Sammelzeit:

Von Mai bis September beliefert er uns mit immer neuen Blättern und Blüten.

Mein Tipp:

Es kann beim Pflücken des Wiesen-Bärenklaus im Sonnenschein bei sehr empfindlichen Menschen zu Hautirritationen mit kleinen Pickeln und Bläschen kommen. Diese verschwinden aber wieder und sind nicht gefährlich. Es handelt sich um eine Art photoallergische Reaktion, auch Wiesendermatitis genannt. Tragen Sie beim Pflücken am besten Handschuhe und lange Ärmel.

Mädesüß

Spiraea ulmaria oder Filipendula ulmaria

Der Name dieser weithin weiß leuchtenden und nach Bittermandel duftenden Staude hat mit dem süßem Mädchen nichts zu tun. Er leitet sich zum einen wohl vielmehr her von dem Begriff »mahd«, dem Mähen: Die mehrjährige Pflanze nämlich sorgt für ein besonderes Dufterlebnis bei der Heuernte. Zum anderen mag der Name auf Met hinweisen, denn beim Ansetzen des so begehrten Rauschgetränks wurden die Blätter von Mädesüß zugefügt.

Das wiederum bringt uns zur Vergangenheit des Wildkrauts. Es zählte zum Triumvirat der heiligsten Pflanzen im Keltenreich – Eisenkraut, Mädesüß und Wasserminze gehörten zu den wichtigsten Heil- und Wundermitteln unserer Vorfahren.

Bei den Sonnenwendfeiern war der Geißbart (einer der Volksnamen) ein wichtiger Bestandteil der Götterzeremonie: Als Aromapflanze wurde er auf den Boden gestreut, um mit seinem Duft Krankheiten und Dämonen abzuhalten.

Von Juni an leuchtet uns eine Vielzahl von weißen Blütenrispen auf feuchten Wiesen und an Bachrändern entgegen. Dort liegt der Duft von Bittermandel voll und schwer in der Luft.

Die ungeheure Zahl dieser schwebenden Blütenwolken verlieh der beeindruckenden Wildpflanze auch den Namen Wiesenkönigin – genau so nämlich thront sie in ihrem Sommerreich.
Der Geschmack der Blüten ist aromatisch-fruchtig und gleichzeitig zieht es einem beim Kosten den Mund ein bisschen zusammen. Das rührt von der im Mädesüß enthaltenen Salicylsäure her. Einfach langsam herantasten!

Die Staude hat eine Vorliebe für nährstoffreiche Böden, liebt feuchte Wiesen und Gräben, Ufer an fließenden und stehenden Gewässern. Geselligkeit untereinander wird großgeschrieben, dann blüht sie üppig. Verbreitet ist das Kraut in Europa, Nordostamerika und Asien bis hinein nach Nordsibirien und in den Himalaya

Für die Chinesen besitzt das Mädesüß eine wichtige Funktion als »Kühlpflanze« gegen (innere) Hitze und es spielt im Leber-Qi eine große Rolle. Die Kelten wiederum wussten um dessen schmerzlindernde und fiebersenkende Wirkung.

Vor ungefähr 150 Jahren entdeckten Forscher in der Weidenrinde und der Spierstaude (= Mädesüß) reine Salicylsäure, Jahre später gelang die synthetische Herstellung von Acetylsalicylsäure, dem Hauptwirkstoff des Medikamentes Aspirin – dessen Name wiederum abgeleitet wurde von »a spiera«, »aus der Spierstaude«. Vorsicht also bei bekannter Allergie gegen Acetylsalicylsäure (Aspirin)!

Das Mädesüß wirkt folglich antirheumatisch, entzündungshemmend, durchblutungsfördernd, lösend, fiebersenkend und schmerzlindernd. Kurzum: Das Kraut ist ein mächtiger Heiler. Bei den Inhaltsstoffen der Pflanze handelt es sich um Flavonoide, Gaultherin, Heliotropin, Salicylaldehyd (als ätherisches Öl), Salizylsäureverbindungen, Vanillin, Spiraein (als Farbstoff), Gerb- und Schleimstoffe, Kieselsäure und Zitronensäure.

Sammelzeit:

Juni bis später August. Verwendet werden die Blüten, die Blätter und auch die Wurzeln.

Mein Tipp:

Zu verwechseln ist die »Honigduftende« nur mit ihrer kleineren Verwandten, der Filipendula vulgaris. Bei dieser diente in grauer Vorzeit aber lediglich die Knolle als Nahrungsmittel. Heute findet die schöne Zierpflanze einen Platz in vielen Gärten.

Schmalblättriges Weidenröschen

Chamerion/Epilobium angustifolium

Das Weidenröschen gehört zur Familie der Nachtkerzengewächse, liebt ein geselliges Miteinander und kann die stolze Höhe von bis zu 2 Metern erreichen. Die Weidenröschenfamilie ist weit verzweigt und hat viele Verwandte. Sie sind alle essbar – der schmalblättrige Vertreter ist lediglich der bekannteste.

Es handelt sich hier um eine raumgreifende Pionierpflanze, die sich in kürzester Zeit nach Waldbränden und Kahlschlägen, auf Schutt- und Trümmerflächen stark vermehrt. Seinen volkstümlichen Namen Trümmerblume erhielt das Weidenröschen – ansonsten im urbanen Umfeld nur selten heimisch – folgerichtig im Zuge von Kriegsgeschehen. Und dabei erfüllte es nebenbei sogar eine wertvolle Aufgabe: Seine weitverzweigten Wurzelsprossen sorgen beim Flächenaufbau für Boden(be)festigung.

Für die Bewohner Alaskas und Kanadas ist das Weidenröschen ein vertrauter Anblick. Aufgrund der vielen Rodungen und Waldbrände breitet es sich schnell auf den immer wieder neu entstehenden Lichtungen aus. Im kanadischen Yukon-Territorium gar findet man es als »Fireweed« (Feuerkraut) sogar im Wappen.

Den Namen Feuerkraut kennt man übrigens auch in unseren Breiten: Weidenröschen-Stängel hingen früher oft an Stallungen und Häusertüren, um den Blitz abzuwenden.
Bei den Wöchnerinnen diente das Weidenröschen als wichtiges »Bettstrohkraut«, das Mutter und Kind zu einem besseren Befinden nach der Geburt verhalf.
Wiederentdeckt wurde das Epilobium (Synonym: Chamerion) angustifolium von Maria Treben: Sie stellte nämlich fest, welch gute Heilwirkung es bei der Behandlung von Prostatabeschwerden zeigte. Und nur der schmalblättrige Vertreter besitzt diese spezielle Wirkung.
Prompt tauchte natürlich der Gedanke auf: Wie praktisch, wenn ein Kraut mit solch tollen Heilerfolgen zudem noch »küchentauglich« wäre! Man prüfte und experimentierte – und die Versuche gelangen: Auch auf dem Teller fand das Weidenröschen fortan seinen Platz. Der »Koptische Tee« besteht überwiegend aus den oberirdischen Teilen des Weidenröschens und dessen Blätter, Triebe, Sprossen und Blüten bereicherten bereits die Speisefolge unserer Altvorderen. Sie schmecken ähnlich grünem Spargel, aber säuerlich aufgrund des hohen Vitamin C-Gehaltes.

Das Weidenröschen wächst auf Waldlichtungen, Schuttplätzen und Kahlschlägen, an Ufern und Böschungen.

Die Wirkstoffe vom Schmalblättrigen Weidenröschen sind vornehmlich Flavonoide, Gerbstoffe, Schleimstoffe und vermutlich tumorhemmende Stoffe. Innerlich angewendet kann es bei Prostatabeschwerden, Nieren- und Blasenproblemen helfen, denn es besitzt eine antibakterielle und ebenso eine entzündungshemmende Wirkung.

Alle Pflanzenteile des Weidenröschens sind essbar. Blüten und Knospen lassen sich roh verspeisen – hilfreich, wenn den Wanderer unterwegs der kleine Hunger überfällt. Das gefällige Äußere der Weidenröschenblüten ziert jeden Salat. Blütenknospen, Triebe und frische junge Stängel können wie Gemüse zubereitet werden.

Sammelzeit:

Juni bis August

Mein Tipp:

Besonders gut schmecken fein geschnittene Weidenröschenblätter in einer Béchamelsauce.

Zusätzlich eine Handvoll zuvor kurz blanchierter Sprossen dazugegeben machen aus der Béchamelsauce eine wohlschmeckende und gesunde Wildkräutervorspeise.

Herbst

Wiesen-Bocksbart

Tragopogon pratensis

Ein echter Frühaufsteher im Reich der blühenden Wildpflanzen: Die Blüten des Wiesen-Bocksbartes sind nur in der ersten Tageshälfte zu sehen, mittags schließt er sie, frönt dem Understatement und genießt den Rest des Tages bescheiden für sich – very british! Und so verrät denn auch sein englischer Name seine »Lebenseinstellung«: Jack-go-to-bed-at-noon.

Der ein- bis zweijährige Korbblütler kann eine Höhe von bis zu 60 Zentimetern erreichen. Seine kleinen gelben Blüten sitzen auf langen Stängeln, die spitzen Hüllblätter wachsen heraus aus den dicken Knoten am Stängel – der Wiesen-Bocksbart unterscheidet sich somit deutlich von anderen Korbblütlern wie dem Löwenzahn. Nach dem Verblühen schaukeln große Pusteblumenballons auf den Wiesen. Und die abgeblühten welken Zungenblüten aus den zusammengefallenen Hüllblättern ragen dann einem Ziegenbart ähnlich aus der ehemaligen Blüte – daher sein deutscher Name.

Diese eigenwillige ausdauernde Wildpflanze ist komplett essbar: von den Blütenknospen und Blättern über das Mark des Stängels bis hin zur Wurzel. Das hatten schon die Römer herausgefunden, wie ein Wandfresko in Pompeji belegt. Und auch im Mittelalter wurde die Pflanze fleißig gesammelt und später sogar kulturmäßig in den Klöstern angebaut, da Essbarkeit und Heilwirkung einander in nichts nachstanden.

Der Wiesen-Bocksbart ist reich an Mineralstoffen, Gerbstoffen und Vitaminen, besitzt eine blutreinigende und entwässernde Wirkung. Das besonders in der Wurzel enthaltene Inulin tut Diabetikern viel Gutes.
Er wurde schon früh medizinisch verwendet. Schon im 16. Jahrhundert existierte ein Heilmittel mit Wiesenbocksbart als Hauptbestandteil. Diese Mischung sollte gegen Gicht, Leberstörungen und Rheuma wirken. »Giftstoffe« sollten mit dieser Medizin aus dem Körper geleitet werden. Heute ist von Selbstmedikation abzuraten; nur ein Sud von Wiesenbocksbart gegen Hautunreinheiten gilt als hilfreich.

Auf nährstoffreichen Wiesen ebenso wie Böschungen, Weg- und Waldrändern.

Aufgrund seines milden süßlichen Geschmacks geht er gerne ein »Küchenverhältnis« mit anderen Wildkräutern herberen Aromas wie Brennnessel, Pastinake oder Wegerich ein. Er ist essbar vom Schössling bis zur Wurzel, sogar das Mark der Stängel hat Süße und kann roh verzehrt werden. Nicht zu Unrecht trägt der Wiesen-Bocksbart im Volksmund deshalb die Namen »Fressblume« oder »Himmelsbrod«.
Die Schösslinge lassen sich wie Hopfen- und Spargel-Sprossen zubereiten, die Blätter als Spinat oder Salat, die einen süßen Saft enthaltende Wurzel wie Schwarzwurzel – um nur ein paar der vielen Möglichkeiten zu nennen.

Sammelzeit:

Von Mai bis hinein in den Herbst.

Gewöhnliche Berberitze

Berberis vulgaris

Die Gewöhnliche Berberitze ist eine der facettenreichsten Pflanzen unserer Gefilde. Das beginnt schon beim Aussehen: Im Frühjahr prunkt sie weithin sichtbar mit ihren üppigen gelben Blütentrauben. Im Sommer bis in den tiefen Herbst hinein locken Büschel kleiner walzenförmiger tiefroter Früchte. Und auch die Blätter bekommen oft eine knallrote Färbung – was vortrefflich ablenkt von den langen Dornen, die die Berberitze zum Schutz vor Verbiss an ihren Zweigen trägt.

Ihre eigentliche »Hexenhaftigkeit« aber manifestiert sich in ihrem Wesen. Sie ist Heilerin und Giftmischerin zugleich, also Achtung! Beeren und Samen besitzen ausschließlich positiv-heilende Kräfte, Blätter und Rinde hingegen – je nach Dosierung – auch toxische. Das liegt an dem in diesen Pflanzenteilen enthaltenen Alkaloid Berberin, das in der Homöopathie wiederum als Heilmittel verwendet wird. Es hat keine tödliche Wirkung, aber der Genuss von Blättern und Rinde verursacht oft Reizungen der Haut und Augen sowie Magen- und Darmbeschwerden. Vor allem Kinder müssen das erklärt bekommen und beim Sammeln beobachtet werden!

Dem Ansehen der Berberitze hat das nicht geschadet: Bereits im alten Ägypten bewährt gegen Fieberattacken sowie Gelbsucht, Lebererkrankungen und Rheumaschübe, nahm der Römer Plinius d. Ä. die Berberitze sogar in seine Arzneibücher auf. Die Mönche im Mittelalter erprobten die »kleine rote Walze« in Küche und Apotheke.
Ihren Namen hat sie vom arabischen »berberi«, Muschel, was auf die Blattform verweist; »vulgaris« sagt aus, dass die Pflanze häufig vorkommt. Ihre »nicknames« Essigbeere oder Sauerdorn verdankt sie den säuerlich schmeckenden Früchten.

Die Früchte besitzen einen hohen Vitamin C-Anteil, wirken antibakteriell, kräftigend und gegen Durchfall. Die besonderen heilenden Eigenschaften der Wurzel auf das Gallen-Leber-Bauchspeicheldrüsen-System möge man in der Apotheke seines Vertrauens erfragen – vom Ausgraben der Berberitze-Wurzel wird dringend abgeraten!

Die Berberitze ist anspruchslos, sie wächst sowohl in der Sonne als auch im Schatten, an Waldrändern und im Gebüsch. Ihre Kulturform wird oft als Heckenpflanze eingesetzt, da sie mit ihren Dornen eine ideale Abwehr bietet.

Die Berberitze wird auch Sauerdorn genannt und trägt diesen Namen völlig zu Recht, zeigt sie sich doch vor dem ersten Frost von der ausgesprochenen sauren Seite. Sie schmeckt wunderbar in Müslis und dient als Aromaträger in Marmeladen und Gelees. Sie ist vor allem aus der orientalischen Küche nicht wegzudenken, weil ihr Säureanteil kulinarisch einen interessanten Gegenpart zu süßen Zutaten bildet.

Sammelzeit:

Von August bis in den tiefen November hinein können die Früchte gesammelt werden.

Achtung:

Von der Berberitze nur die Beeren sammeln und essen. In allen anderen Pflanzenteilen sind Alkaloide enthalten, die für uns unverträglich sind. Ganz wichtig ist es, diesen Sachverhalt Kindern beim Sammeln zu vermitteln.

Eiche

Quercus

Zur Gattung Quercus zählen in Europa über 400 Arten. Die Stieleiche (auch Sommereiche oder Deutsche Eiche genannt) und die Traubeneiche (oder Wintereiche) sind nur die häufigsten Vertreter der Sektion der Weißeichen – dabei gehören sie eindeutig zur Familie der Buchengewächse. Eine reich verzweigte, schier unübersehbare Sippschaft!

Weltweit gibt es etwa 600 Eichenarten. Von diesen hauptsächlich sommergrünen Laubbäumen sind in unseren Breitengraden vor allem Stiel- und Traubeneichen weit verbreitet. Eichenholz wird zu Cognac- oder Weinfässern verarbeitet und beeinflusst das Aroma des Inhalts maßgeblich (Barrique-Effekt). Darüber hinaus wird auch Schinken in speziellem Sud in Eichenfässern gelagert. In Österreich und der Schweiz gilt Barrique-Schinken als Delikatesse.

Ihr Alter ist in mannigfacher Hinsicht legendär: So manche Vertreterin wird, sofern man sie respektvoll in Ruhe lässt, »stein(eichen)alt« – jedes Land Europas wartet mit etlichen angeblich tausendjährigen Eichen auf. Und Fossilienfunde aus dem Tertiär – mehr als 12 Millionen Jahre vor unserer Zeit – beweisen: Das knorrige Naturdenkmal gab es schon damals.

Während Funde aus menschlichen Siedlungen der Bronzezeit belegen: Schon früh dienten die Nussfrüchte des Baumes (die Eicheln) den Haustieren als Nahrung und die zerstoßenen Früchte den Menschen als Mehl- oder Kaffeeersatz. Nicht ohne Grund leitet sich der deutsche Name her aus dem lateinischen Wort »esca«, Speise. Die Eiche galt als Symbol für die Ewigkeit und wurde als heilig verehrt. Mit den Göttern in Zusammenhang gebracht wurde der sagenumwobene Baum in fast allen Religionen. Besonders die Kelten sahen der Eiche – keltisch »dru«, altgriechisch »drys« – eine so mächtige sakrale Kraft innewohnen, dass sie sogar als Namenspatin für das höchste Priesteramt, den Druiden, mitgewirkt haben soll.
Bis zur Mitte des 19. Jahrhunderts war die Eichelmast in Deutschland noch weit verbreitet: Schweine wurden in die Wälder getrieben und ihr Fleisch nahm nach reichem Eichelgenuss das Aroma der Früchte an. In Spanien gibt es den Brauch heute noch und das Ergebnis dieser Eichelmast, der »Jamon Iberico«, ist einer der teuersten luftgetrockneten Schinken.
Jenseits allen Heiligenscheins widmen wir uns hier ganz profan ihrer Frucht, der Eichel. Egal, ob von der Stiel- oder Traubeneiche, sie sitzt apart in einer Kapsel und macht allein schon durch ihre Erscheinung einen dekorativen Eindruck. Um die Eicheln für den menschlichen Verzehr genießbar zu machen, bedarf es einer speziellen Prozedur: Erst müssen sie sorgfältig geschält und dann püriert werden.

In früheren Zeiten eine recht arbeitsintensive, mühselige Angelegenheit. Wir haben es mit den heutigen Küchenhilfsmitteln da viel einfacher.

Eichen gehören zu den Lichtbaumarten: Sie benötigen im Wachstum viel Licht und bilden selbst lichte Kronen aus. Sie wachsen gern an Wegrändern und lichten Abhängen. Im Verbund findet man Eichen in einigen Küstenwäldern, ansonsten sieht man sie überwiegend in Mischwäldern.

Die ersten zarten Eichenblätter im Frühling überzeugen durch viel Protein und Vitamin A; in feine Streifen geschnitten munden sie köstlich als Salatsaucenzugabe. Die geröstete Eichel enthält ebenfalls viel Vitamin A. Die Röststoffe im bekannten aus Eichelmehl hergestellten »Muckefuck« (Kaffeeersatz) helfen gegen Verdauungsprobleme und galten früher auch als probates Mittel gegen Melancholie.

Sammelzeit:

Die Eicheln sind reif, wenn sie vom Baum fallen und aus den Kapseln rutschen. Dann liegen sie, sozusagen sammelfertig, vor uns auf dem Boden.

Ringelblume

Calendula officinalis

Hübsches Mädchen, Sonnenbraut und viele andere liebevolle Beschreibungen des leuchtend orangefarbenen Köpfchens geben der Ringelblume ihre volkstümlichen Namen. Sie stammt ursprünglich – als wild wachsende Pflanze – aus Indien, wo sie als Abbild der Sonne auf den Altären der Hindus verehrt wurde. Im Mittelalter zog sie dann ein in die Kloster- und Bauerngärten – um jedoch von dort aus zielstrebig erneut in die freie Natur »hinauszuwildern«. Kurzum: Ihre Eigenständigkeit lässt sich kaum reglementieren, sie wächst auch heute noch genau dort, wo es ihr behagt, und zieht die Blicke auf sich.

Den deutschen Namen »Ringelblume« verdankt die Pflanze ihren ringförmigen Samen. Durch die Hakenform heftet sich der Samen an Menschen und Tiere und gelangt so an immer neue Orte, um sich dort zu verbreiten. Die Ringelblume galt bei den Bauern über Jahrhunderte hinweg als Wetterprophetin, da sich ihre Blüte schließt, sobald schlechtes Wetter aufzieht.

Die eigenwillige Schöne kann bis zu 60 Zentimetern groß werden. Mit ihrem behaarten Stängel und den fein-flaumigen Blättern fühlt sie sich leicht klebrig an. Die Blüten variieren in der Farbe von saftigem, vollem Gelb bis hin zu sattem Orange. Die Ringelblume blüht unermüdlich von Juni bis tief hinein in den Herbst. Kommen die Fröste spät, hat sie bis zum November ihren Auftritt.
Der Beiname »officinalis« deutet auf eine große Heilwirkung hin. So hat auch Hildegard von Bingen die Calendula in vielen Rezepturen verwendet. Und wie so oft stellte sich unweigerlich die Frage nach einer möglichen Verwendung der so ungemein gesunden Gesellin als Küchenkraut. In dieser Hinsicht nämlich waren unsere Vorfahren äußerst pragmatisch – wir danken es ihnen!

Die Ringelblume ist eine sehr genügsame Pflanze, die Sonne und Wärme liebt, ansonsten aber keine großen Ansprüche stellt.

Mit ihren zahlreichen Wirkstoffen wie ätherischen Ölen, Saponinen, Glykosiden, Flavonoiden, Carotinen und vielen Gerbstoffen besitzt sie alle Merkmale, um auf Viren, Bakterien oder Pilze stark hemmend einzuwirken. Sie befördert die Wundheilung, indem sie die Bildung von Granulationsgewebe fördert und dazu noch entzündungshemmend wirkt – was sich besonders positiv bemerkbar macht bei schlecht heilenden Wunden.

Ringelblumenbutter ist ein farbenfroher Muntermacher und ein echtes Genusserlebnis:
Von orangefarbenen Ringelblumenblüten die Blütenblätter abzupfen, gut säubern und mit 250 g weicher Butter verkneten. Mit 2 Tl Currypulver oder Kurkuma vermischen, 1 TL Salz dazugeben und alles nochmals gut durchkneten. Portioniert für den weiteren Gebrauch einfrieren.

Sammelzeit:

Von April – bei genügend Sonnenwärme – bis hinein in den späten Herbst.

Topinambur

Helianthus tuberosus

Von »Himmelsbrod« bis »Erdbirne« reichen die Namensgebungen für diese Pflanze. So wird die Wildpflanze Topinambur seit langer Zeit im Volksmund genannt. Denn der unterirdische Teil, die süße kartoffelartige Wurzelknolle – und um die geht es hier –, ist aufgrund des hohen Inulin-Gehaltes sogar für Diabetiker wunderbar verträglich und besitzt zudem viele positive Heilwirkungen.
Die Topinambur gilt als Kulturpflanze der Indianer aus vorkolumbianischer Zeit. Ursprünglich in Nord- und Mittelamerika beheimatet, gelangte die Knolle allerdings erst Anfang des 17. Jahrhunderts nach Europa: Nachdem französische Auswanderer in Kanada durch den Verzehr der nahrhaften Wurzelknolle nur knapp dem Hungertod entronnen waren, schickten sie einige Exemplare dieses beispiellosen »Lebensretters« nach Paris, wo die bis dato unbekannte »Wunderknolle« untersucht wurde und ihren heutigen Namen erhielt, angelehnt an denjenigen eines Indianerstammes, topinambour. Die lateinische Gattungsbezeichnung »Helianthus« wiederum lässt auf ihre Verwandtschaft mit der Sonnenblume schließen.

Und die blühende Pflanze, die es bis zu einer beachtlichen Höhe von 3 Metern schafft, sieht tatsächlich aus wie eine Ansammlung kleiner Sonnenblumen – was man zum Beispiel an zahlreichen Uferregionen des schwäbischen Flusses Kocher bewundern kann. Aus einer gelbbraunen bis rosaroten Wurzelknolle wachsen mehrere verzweigte rau behaarte Stängel und ebensolche eiförmigen Blätter, in deren oberen Achseln die knallgelben Blütenkörbchen sitzen. Als sogenannte Kurztagspflanze ist die Topinambur eine Spätblüherin, sie bildet ihre »Sonnenblumen« somit erst bei genügend langer Dunkelphase aus: im frühen bis späten Herbst.
Ihre Heilwirkung bei Diabetes verdankt sie dem hohen Inulin-Gehalt. Allerdings sollte man sich in kleineren Portionen an den Genuss herantasten, da die Darmflora das biotisch wirkende Inulin »lebhaft begrüßt«.

Die stark verzweigten Knollen zu schälen ist eine wahre Strafarbeit. Um Topinambur als Rohkost zu genießen kann auf das Schälen verzichten, wer die Knolle sehr gründlich wäscht – dann kann die Schale einfach mitverwendet werden. Eine andere Möglichkeit ist, die Knolle mit der Schale zu kochen und diese dann abzupellen.

Die Topinambur ist eine anspruchslose Pflanze, die an sonnigen Orten fast überall gedeiht: an Flussufern, Wald- und Wegrändern.

Die Wurzelknolle besteht zu 16 Prozent aus Inulin, einem ballaststoffartigen Mehrfachzucker, der für Diabetiker von großer Bedeutung ist, weil er vom Körper nicht aufgenommen wird und somit den Blutzuckerspiegel nicht belastet. Zudem senkt Inulin, regelmäßig eingenommen, die Blutfettwerte. Die Knollen enthalten außerdem Saponine, Mineralsalze wie Kalium, Kalzium, Natrium, Phosphor, Eisen, Silizium, Provitamin A sowie Vitamin C und B. Sie lindern Beschwerden von Galle, Leber und Magen. Zum Einsatz kommt Topinambur auch als Appetitzügler.

Sammelzeit:

Mit der Ernte beginnt man, wenn die Blätter gelb werden – etwa ab Oktober –, dann haben die Knollen ihre optimale Größe erreicht; bei Frost lassen sich die Knollen nur schlecht aus der Erde ziehen. Man muss vorsichtig, zugleich aber kräftig an den Stängeln ziehen, damit die »Erdäpfel« ihr dunkles Reich verlassen.

Weißdorn

Crataegus monogyna und C. laevigata

Früher gab es in jedem Bauerngarten auch Wildobstgehölze. Leider finden wir die Wildfrüchte des Weißdorns heute nur noch außerhalb der Gärten, da es dort für so wehrhafte Individualisten keinen Platz mehr gibt. Der Weißdorn, so dezent er selbst im Geschmack ist, punktet mit seinem Pektin-Gehalt bei der Marmeladenzubereitung aller anderen Früchte. Außerdem ist seine stärkende Wirkung auf den Herzmuskel nicht zu unterschätzen.
Es gibt – neben den weltweit bis zu 300 gezählten Arten – in unseren Gefilden im Grunde nur zwei für unsere Wildfrüchte-Küche relevante Weißdorn-Brüder. Sie unterscheiden sich von ihrer »Griffeligkeit« und ihrer Blattform her, ansonsten aber weisen beide die für uns wesentlichen Eigenschaften auf. Wenn wir die Blütengriffel durchzählen oder später die kleinen roten »Apfelfrüchte« nach dem Sammeln aufschneiden, wissen wir meist, wen der beiden Brüder wir da vor uns haben: entweder den etwas häufiger anzutreffenden »Crataegus monogyna«, den Eingriffeligen Weißdorn, oder »Crataegus laevigata«, den Zweigriffeligen Weißdorn. Die Früchte mit nur einem Kern stammen vom eingriffeligen, die mit mehreren Kernen hingegen vom zweigriffeligen Weißdorn-Verteter.

Im Winter stehen die Brüder abweisend-trutzig, wehrhaft-dornig am Waldesrand und geben allenfalls den Vögeln Schutz. Aber von April an zeigen sie ein ganz anderes Gesicht: Üppige Wolken aus Tausenden weißen Blütenbüscheln umgeben die Dornen-Brüder – sie machen ihrem Namen nun alle Ehre, sehr zu unserer Freude!
Unsere Nase allerdings kann sich nicht an der weißen Pracht berauschen: Obwohl zur Familie der Rosengewächse gehörig, passt der ausströmende Duft rein gar nicht zum Familiennamen; ammoniakähnlich, man kann da nur die Nase rümpfen. Dieser »Gestank« gibt sich aber rasch wieder – und warum sollte ein Strauch von solch hohem Stellenwert in Pharmakologie und Küche nicht kurzfristig ein bisschen stinken dürfen?
Der trutzige Hagedorn (so sein zweiter Name) bildete bereits in der Frühzeit zusammen mit anderen wehrhaften Gehölzen den Hag um die menschlichen Behausungen: einen Schutzwall gegen die gefährliche Außenwelt, gegen wilde Tiere und böse Dämonen. Bei den Kelten zählte er aufgrund seiner Wehrhaftigkeit zu den Häuptlingsbäumen und trug darüber hinaus mit seinen Früchten zu einer gesünderen Ernährung bei. Trotz aller Dornen hatten auch die wohlmeinenden Feen und Geister in ihm ein Zuhause, ein Gehölz mit vielen Gesichtern.

Den Weißdorn findet man an Feld- und Waldrändern sowie in Laub- und Mischwäldern. Als Licht- und Halbschattengewächs gedeiht er sowohl auf trockenen als auch auf frischen Böden; darf er allerdings wählen, bevorzugt er kalkhaltige lehmige Böden.

Blüten, Blätter und Früchte werden seit alters her als Heildrogen eingesetzt aufgrund ihrer Inhaltsstoffe: Flavonoide, Gerbstoffe und Vitamin C. Weißdornpräparate zählen zu den Herz und Kreislauf stärkenden Mitteln.

Die Früchte zeigen sich vielfältig verwendbar: als Mus, in Marmeladen und pikanten Saucen.

Sammelzeit:

Die Blätter im März und April; die Blüten im Mai und Juni; die Früchte von August bis in den November hinein.

Mein Tipp:

Die frischen Blätter munden köstlich in Frühlingssalaten, Dips und Brotaufstrichen. Die Blüten eignen sich für Sirup, Likör und Gelee.

Guter Heinrich

Chenopodium bonus-henricus

Melde

Chenopodium album

Ihr wahres Alter können sie selbst uns nicht mehr verraten. Bei Ausgrabungen in frühen Steinzeitsiedlungen fanden aber Archäologen Samen der Gänsefußgewächse – unsere Vorfahren müssen ihren ansonsten eher einseitigen Speiseplan also mit diesem hervorragenden Lieferanten von Vitamin C, A, B, Folsäure, Kalium und Kalzium angereichert haben.

Die beiden »Gänsefüßler« (benannt übrigens nach dem Aussehen der Blätter) Guter Heinrich und Melde sind – auch geschmacklich – so eng miteinander verwandt, dass sie hier zusammen beschrieben werden können.

Der Gute Heinrich kam durchs Althochdeutsche zu seinem hübschen Namen: »Heimrich« setzt sich zusammen aus »Heim« (= Hofstatt) und »rich«, was so viel bedeutet wie »häufig« und »gut essbar«. Noch schöner klingt es bei Jacob Grimm, wo der Heinzel oder Heinz ein guter Kobold ist, der den Menschen im Hause hilft. Beide gehören zur Gattung der Fuchsschwanzgewächse und die Familienzusammengehörigkeit ist erkennbar.

Der Name des Guten Heinrichs lautet interessanterweise in allen Sprachen gleich: Guter Heinrich im Deutschen, Good King Henry im Englischen, Bon Henri im Französischen und Braver Hendrik im Niederländischen. Ob nun das Althochdeutsche als Quelle oder die Zuwendung zu Heinrich IV. von Frankreich bei der Namensgebung ausschlaggebend war, wissen wir nicht. Die oberen Blätter der Melde wirken manchmal wie mit Mehl bestäubt, daher trägt sie auch den Namen Mehlkraut.
Die Pflanzen erreichen eine Wuchshöhe von 10 bis stolzen 150 Zentimetern. Die Blätter des Chenopodiums zeigen sich mehr oder weniger stark gezähnt; die Blüten sind Scheinähren mit vielen kleinen Knöpfchen, die wir schon als Kinder abgebröselt haben – für Vögel eine Delikatesse. Essbar ist alles an den Gänsefußgewächsen: die jungen Blätter als Salatbeigabe, die größeren blanchiert wie Spinat, die Triebe und Stängel zubereitet wie Spargel, die Blüten und die Samen als würzige vitaminreiche Ergänzung anderen Gemüses wie Blumenkohl oder Brokkoli. Die knubbeligen Samen ergeben, blanchiert und mit Semmelbröseln geröstet, eine würzige Köstlichkeit.

Überall dort, wo der Boden leicht sauer und sehr stickstoffreich ist; Mauern und Wege.

Nicht nur die Steinzeitmenschen, sondern auch die alten Griechen mit ihrem »Vorzeigearzt« Dioscurides und Hildegard von Bingen erkannten die Stärken der eher unscheinbaren Pflanzenfamilie. Innerlich verabreicht hilft das Kraut bei Verdauungsproblemen, Leberschäden und Stoffwechselstörungen; äußerlich angewendet lindert es Hautprobleme und Entzündungen. Für die Heilwirkung Verantwortlich sind Saponine, viele Mineralstoffe, Vitamine, ätherische Öle und ein Alkaloid.

Sämtliche Gänsefußgewächse sind essbar, bis auf eine Ausnahme: der stinkende Gänsefuß. Vorm Sammeln einfach ein Blatt zerreiben – wenn es wie Hering riecht, dann schmeckt es nicht!

Sammelzeit:

Von April bis zu den ersten Nachtfrösten im November.

Mein Tipp:

Die Gänsefußgewächse haben etwas mit dem Giersch gemeinsam: Sie wachsen – ungewollt – überall. Da ist es das Beste, einfach einen Küchenpakt mit ihnen zu schließen und sie zu essen!

Sanddorn

Hippophae rhamnoides

Jetzt hat die Renaissance der orangefarbenen Beere eingesetzt. In der ehemaligen DDR angebaut und verarbeitet, um fehlende Zitrusfrüchte zu ersetzen, ist der Sanddorn in die Liga der bevorzugten Früchte aufgestiegen. Das hat er seiner Frohwüchsigkeit und Fruchtfülle, aber auch dem enormen Vitamin C-Gehalt seiner Früchte zu verdanken. Der Sanddorn macht seinem Namen alle Ehre: Er liebt sandige Böden, bevorzugt in Küstennähe, und das raue Klima des Nordens. Und Dornen besitzt er mehr als genug. Beim Sammeln der Früchte müssen wir somit findig sein: Man kann sie zum einen mit einem grobzinkigen Kamm regelrecht abkämmen und zum anderen die Fruchtzweige abschneiden und zu Hause einfrieren, danach fallen die Früchte leicht ab. Aber Achtung: In manchen Regionen Deutschlands steht der Sanddorn unter Naturschutz, also vorher erkundigen und sorgsam vorgehen!
Die ursprüngliche Heimat des Sanddorns ist Zentralasien, von wo aus er über verschlungene Wege zu uns gelangte. Von alters her schon nutzte man gern seine große Kraft. Bei den alten Griechen wurden die gelben Früchte als besonderes Stärkungsmittel für Pferde hochgeschätzt.

Der Gattungsname »hippophae« von griechisch »hippos«, das Pferd, deutet darauf hin. Seinen Beinamen »Zitrone des Nordens« erhielt der dornige Geselle wegen seines hohen Anteils an Vitamin C – der den der Zitrone um ein Mehrfaches übertrifft.
Die zweihäusige Pflanze ist winterhart mit rotbraunen Ästen, seine Blätter schmalgliedrig graugrün, an der Unterseite weiß glänzend, die Blüten beiderlei Geschlechts sind eher unscheinbar gelb und erscheinen vor den Blättern im April. Die gelben bis orangeroten Früchte – sogenannte Schein-Steinfrüchte mit einem einzigen Samenkern pro Frucht –, die in dicken Trauben an den Zweigen der weiblichen Sträucher sitzen, leuchten weithin sichtbar von August bis Dezember.

Der Dünendorn – wie er auch genannt wird – mag sandige lockere Böden und trägt durch sein weit verzweigtes Wurzelwerk zur Bodenbefestigung bei. Man findet ihn an Flussufern, auf Schotterhängen, kiesigen Flächen und an Meeresküsten; vom Flachland bis hinauf in die Alpen auf 1800 Metern.

⚕ Die Früchte sind reich an Vitamin C, A und E, Beta-Carotin, Flavonen, ätherischen Ölen sowie Gerbstoffen und punkten demzufolge als »schnelle Einsatztruppe« bei Vitaminmangel, Schwächezuständen, zur Rekonvaleszenz und Steigerung des Immunsystems, bei Erkältungskrankheiten und sogar bei Magen- und Darmstörungen. Sanddorn-Öle sind reich an mehrfach ungesättigten Fettsäuren; das Fruchtfleischöl wird als hochwertiges Nahrungsergänzungsmittel eingesetzt, zum Beispiel bei veganer Ernährung.

Äußerlich angewendet, verhilft das Öl aus Kernen und Fruchtfleisch der Haut zu einem Wellnesstrip.

Sammelzeit:

Von August bis Oktober/ November ist die Frucht für uns genießbar. Danach wird sie matschig und faulig.

Echte Mehlbeere

Sorbus aria

Dieser allein schon optisch beeindruckende Vertreter der Gattung Mehlbeere – eine reich verzweigte Sippschaft mit etwa 100 Arten – kann bis zu zehn Metern hoch und 200 Jahre alt werden. Ein reichhaltiges Beerenangebot in luftiger Höhe wird uns da gemacht!

Im Gegensatz zur Vogelbeere, die ebenfalls zur Gattung der Mehlbeere zählt, sind die Früchte der Echten Mehlbeere roh essbar. Die Mehlbeerbäume zu entdecken ist anfänglich nicht so leicht, aber ist das Auge erst einmal trainiert, findet man plötzlich viele; sie stehen gerne in Gesellschaft.

Die Echte Mehlbeere besitzt derbe, fast eiförmige Blätter, die Oberseiten dunkelgrün glänzend und die Unterseiten dicht weiß-filzig. Die weißen Blüten zeigen sich in dichten Dolden von Mai bis Juni. Die rötlichen Beeren erscheinen Ende August; man kann sie pflücken bis in den späten Herbst hinein, manchmal noch im November. Die kleinen Äpfeln ähnelnden Früchte hängen in großen Büscheln an den Zweigenden. Jede einzelne Frucht trägt rund um die ursprünglichen Blütenstände ein kleines weißes Krägelchen – ein gutes Unterscheidungsmerkmal gegenüber den zahlreichen anderen Sorbus-Arten.

Diese Wildfrucht wird zu Unrecht so wenig beachtet. Anfangs schmeckt sie zwar noch etwas fad und mehlig – dieser mehlähnlichen Konsistenz verdankt der Baum seinen Namen –, aber bereits nach dem ersten Nachtfrost bekommen die Beeren eine angenehm nussig-süße Note. Im Gegensatz zur Vogelbeere (die ebenfalls zur Gattung Mehlbeere, Sorbus, zählt) kann man die Früchte der Echten Mehlbeere sogar roh essen, ohne allzu starkes Bauchgrimmen befürchten zu müssen – wir empfehlen trotzdem, nur davon zu naschen, das gilt für Kinder wie Erwachsene.

Der Steckbrief des »Mehlbeer-Baums«: frosthart, wärme- und hitzeverträglich, gern auf schwach sauren, stark kalkhaltigen, felsigen Böden wachsend, kurzum: sehr anpassungsfähig. In kultivierter Form beeindruckt die Mehlbeere häufig als Straßenbaum und in Parks.

Die Beeren enthalten reichlich Vitamin C, Provitamin A, Pektin, Apfel- und Zitronensäure. Sie wirken positiv bei Verdauungs- und Nierenproblemen und Rheumabeschwerden.

Zusammen mit anderen säuerlichen Früchten mundet die Mehlbeere in Marmeladen, Gelees, Chutneys, sie dient zur Essigherstellung und punktet mit ihrem Geschmack in Saucen, als Trockenfrucht und im berühmten Hutzelbrot.

Wenig bekannt ist, dass man Mehlbeeren trocknen kann, um sie zu Mehl zu verarbeiten, das heißt, sie fein zu mahlen. Das Mehl hat eine intensiv fruchtige Note. Um 200 g Mehl zu erhalten sind ungefähr 400 g Früchte notwendig, die nach dem Trocknen gemahlen werden müssen. Man verwendet in Zubereitungen die gleiche Menge wie von herkömmlichem Mehl.

Sammelzeit:

Beste Erntezeit der Beeren: von September bis Anfang November. Mangelt es in dieser Zeit an Frösten, dann hilft ein Trick: die Früchte einfach kurz ins Gefrierfach legen.

Hagebutte

Rosa canina

Ein Männlein steht im Walde ganz still und stumm, / Es hat von lauter Purpur ein Mäntlein um. / Sagt, wer mag das Männlein sein, / Das da steht im Wald allein / mit dem purpurroten Mäntelein. / (...) / Kann nur die Hagebutte sein.
Was Hoffmann von Fallersleben da in seinem Lied so lyrisch besingt, das klingt, wenn man den Namen dieses bis zu 3 Metern hoch werdenden Strauches »übersetzt«, weitaus schlichter. Der Bestandteil »Hag-« verweist auf das Vorkommen der Hagebutte: Sie umfriedet in dichten Hecken ein Gelände und dieses Gehege wiederum hieß im Germanischen Hag. Und die Butten, von süddeutsch Butzen, was so viel bedeutet wie »Verdickungen«, das sind die weithin leuchtenden roten Scheinfrüchte mit den vielen kleinen Nüsschen im Inneren, die sich so gut als unangenehmes Juckpulver eignen. Streng genommen bezeichnet »Hagebutte« nur die roten Früchte vor allem der Hundsrose oder Gemeinen Heckenrose, der »Rosa canina«; doch hat sich dieser Name landläufig eingebürgert für früchtetragende Wildrosen allgemein. Der Beiname »canina« bedeutet so viel wie »hundsgemein«, aber im Sinne von: sehr häufig vorkommend, weitverbreitet.

Die volkstümliche Bezeichnung Schlafdorn, wie die Heckenrose wegen ihrer Dornen vor allem in früheren Zeiten oft genannt wurde, führt uns unmittelbar ins Land der Sagen und Märchen. Im »Nibelungenlied« wird erzählt, dass Odin die ungehorsame Brünhild mit einem Schlafdorn gestochen haben soll und sie fortan nur von einem Mann mit bestimmten Eigenschaften erweckt werden könne. Ein ähnliches Motiv finden wir im Märchen von Dornröschen: Auch dort spielt ein »Schlafdorn« eine wichtige Rolle, die Spindel nämlich, mit der sich die Prinzessin in den Finger sticht und wodurch sie 100 Jahre lang tief schläft, um dann von einem Prinzen wach geküsst zu werden.
Für unsere Küche ist die Hagebutte ein wahrer Schatz, zumal sich der hohe Vitamin C-Gehalt beim Erhitzen nicht verflüchtigt.

Die Artenbezeichnung »canina«, hundsgemein, sagt alles: Sie ist (fast) überall zu finden. Dabei liebt sie lehmige feste Böden, Wald-, Feld- und Wegränder. In Gesellschaft anderer Gehölze fühlt sie sich ebenfalls wohl.

Hier ist die Hagebutte mit ihren Gaben eine echte Zauberin. Allein ihr immenser Vitamingehalt macht sie zu einer der wichtigsten Pflanzen im Naturgarten. Dazu kommen noch Pektide, Flavonoide, Mineralstoffe und ätherische Öle. Sie hilft in den verschiedensten Zubereitungsformen bei Blasen- und Nierenleiden, bei Arthrose-Erkrankungen, sie wirkt heilend auf die Haut und fördert den Appetit.

Die leuchtenden roten Ampelchen erfreuen uns besonders an trüben Herbst- und Wintertagen. Solange sie noch fest und prall sind, kann man sie unbedenklich pflücken, um sich zu Hause etwas Gutes zuzubereiten. Für einen dampfenden Becher Tee mit diesem Vitaminprofi werden 2 TL getrocknete und zerkleinerte Früchte verwendet. In einem Becher mit heißem Wasser übergießen und vor dem Genuss 10 Minuten ziehen lassen.

Sammelzeit:

Die Blätter ab Mai; die Blüten von Juni an; die Hagebutten ab September. Letztere sind bis in den späten Herbst hinein und selbst im Winter noch genießbar, da sie an den Ästen hängen bleiben.

Wildbirne

Pyrus pyraster

Die Wildbirne mit ihrer grauen kleinschuppigen Rinde, den eiförmigen glänzenden fein gesägten Blättern und den dornenbewehrten Ästen galt in der Mythologie als Hausbaum von Dämonen, Drachen und Hexen – sie war ein »Furchtbaum«. Dabei hätte das Gehölz eher das Prädikat »ökologisch wertvoll« verdient: Die Blüten und Triebe sind wichtig für Insekten und die Früchte dienen vielen Tieren wie Dachs, Igel, Marder und Siebenschläfer als Nahrung. Letzteres ist sogar eine mögliche Erklärung für das Unheimliche, das man der Wildbirne lange angedichtet hat, denn Nachttiere sind, wenn sie sich auf der Suche nach Essbarem tummeln, oft laut und polterig, machen merkwürdige Geräusche.

Der Birnbaum symbolisiert seit jeher das Männliche, im Gegensatz zum Apfelbaum, der die weibliche Seite verkörpert. Zusammen bilden sie seit Menschengedenken ein unzertrennliches Paar, das in der Natur oft Seite an Seite steht. Als wilde Verwandte unserer Kulturpflanze hat sie es nicht leicht, sich durchzusetzen, zumal sie sich in der Entwicklung manchmal schwer tut, wenn es im Frühjahr zu kalt war. Sie versöhnt uns aber immer wieder mit ihrem intensiven Aroma.

In den urgeschichtlichen Pfahlbauten-Siedlungen fand man bei den Lagerstätten der Menschen unter anderem Belege von Steinzellen, die aus der Wildbirne stammen. Es handelt sich dabei um besonders dichte Zellwände, die noch heute in Birnen zu finden sind. Diese »holzigen« Zellwände standen vermutlich Pate für ihren zweiten Namen: Holzbirne. Sehr viel später dann gelangte die Birne auf Umwegen von Asien zu uns. Im frühen Griechenland hieß der Peloponnes »Apia«, das Birnenland.
Die Wildbirne ist ein Frühblüher, weshalb sie mit manchmal auftretenden Spätfrösten zu kämpfen hat. Ihre Früchte sind roh sehr holzig und laden nicht zum Genuss ein, doch gekocht geben sie ein feines, ausgewogenes Aroma.
Im norddeutschen Raum genießt die Birne einen guten Ruf in der »kulinarischen Institution« Birnen, Bohnen und Speck. Dieses Gericht ist so lecker, dass auch die Süddeutschen gerne mitessen.

Die Wildbirne ist anpassungsfähig, verträgt Hitze, liebt aber weder späte Fröste noch nasse Standorte. Leider steht sie inzwischen in einigen Bundesländern auf der Roten Liste gefährdeter Arten.

Die Blüten ergeben einen wirksamen Tee gegen Blasen- und Nierenleiden. Die Birnen sind reich an Mineral- und Gerbstoffen, Pektin und Kalium; sie wirken entwässernd, harntreibend und beruhigend, ihr Saft dient als Kur zur allgemeinen Entgiftung.

Als »beschwipste Birne« hat sich die Wilde Birne als Nachspeise einen Namen gemacht.
Dazu benötigen wir etwa 8 kleine Birnen, 500 ml Weißwein, 1 l Birnensaft, 160 g Zucker, 4 Zimtstangen, 6 EL Honig und die Schale einer unbehandelten Orange. Wein, Saft Zucker, Zimt, Honig und Orangenschale aufkochen lassen. Die geschälten Birnen so in diesen Sud legen, dass sie vollständig bedeckt sind und bei geringer Hitze 25 Minuten garen lassen. Abkühlen lassen und genießen!

Sammelzeit:

Die Blüten Anfang April; die Früchte von September bis Ende Oktober.

Echte Walnuss

Juglans regia

Archäologische Funde belegen, dass die Walnuss schon vor gut 9000 Jahren als Nahrungsmittel diente. Was wiederum beweist: Gutes hält sich. Laut der »Naturalis historia« aus der Feder des Römers Plinius d. Ä. brachten die Griechen im 7. bis 5. Jahrhundert vor Christus diese Nuss nach Europa. Ihr ursprünglicher Name »dios balanos« bedeutet: die Eichel Zeus. Die Römer wiederum zollten Jupiter Ehre und nannten sie »Iovis glans«: die Jupiter-Nuss. Daraus wurde dann die heute verwendete Gattungsbezeichnung »Juglans«, zu der Carl von Linné 1753 noch den Artennamen »regia«, königlich, hinzufügte. Kurzum: Diese »mythische Nuss« wurde zu allen Zeiten gepriesen und verehrt und galt als Symbol der (königlichen) Fruchtbarkeit.

Ein ausgewachsener Walnussbaum kann bis zu 30 Metern hoch werden. Seine grüne Pracht zeigt er sehr spät und wirft sie ebenso früh wieder ab. Zerreibt man eines der fiedrigen Blätter, zieht ein wunderbar aromatischer Duft in die Nase. Das allerdings müssen Insekten ganz anders empfinden, denn sie meiden das gerbstoffreiche Laub des Walnussbaums – weshalb der Baum auch gern auf Bauernhöfen gepflanzt wird, um Fliegen zu vertreiben.

Ob es sich bei der Walnuss um eine Steinfrucht oder eine Nuss handelt, stand lange zur Diskussion, ist mittlerweile aber zugunsten der Nuss wissenschaftlich eindeutig geklärt – der »Deutsche Nusskatalog« zählt über 100 kultivierte Walnuss-Sorten hierzulande auf.
In unserer Küche allerdings geht es um die freie wilde Echte Walnuss mit den kleineren köstlichen Nüssen. Wissenschaftliche Untersuchungen haben ergeben, dass mit dem Verzehr von neun Walnüssen und einem Teelöffel Walnuss-Öl täglich der Körper gut gegen hohen Blutdruck infolge von Stresssituationen geschützt werden kann. »Gesundheitspolizei« und Gaumenschmaus in einem – die Walnuss ist eine der vielseitigsten Früchte, die uns die Natur bietet.

Der Walnussbaum liebt tiefgründigen nährstoffreichen Boden. Da er empfindlich gegen Winterkälte und Spätfröste ist, siedelt er gern in wintermilden nicht zu niederschlagsarmen Gegenden; Weinbaugebiete liegen ihm dabei besonders.

Die Walnuss besitzt unter den Nüssen den höchsten Gehalt einer für das Herz wichtigen Linolensäure (Omega-3-Fettsäure). Sie enthält zudem eine Gruppe wichtiger Vitamin E-Formen sowie Vitamin A, B1, B2, B3, Vitamin C, Magnesium, Zink, Eisen und Calcium. Festgestellt wurde auch eine schützende Wirkung gegen Diabetes Typ 2. Insgesamt hat die Walnuss einen positiven Effekt bei Herz-Kreislauf-Erkrankungen.

Gesundheit und Genuss gehen Hand in Hand: köstlich in Kuchen, Brot und Eis, als Öl und als Bratenkruste; eine Delikatesse als schwarze Nuss bis hin zum Nusslikör.

Sammelzeit:

Die Früchte reifen von September bis Oktober.
Sie sind zum Verzehr geeignet, wenn die grüne Haut, die sie umgibt, aufplatzt und sich die Nüsse lösen und auf den Boden fallen. Man muss sie von der Außenschale befreien und trocknen lassen.

Wilde Minzen

Mentha arvensis (Ackerminze)
Mentha aquatica (Wasserminze)
Mentha longifolia (Rossminze)

Allgemein bekannt unter dem Oberbegriff »Wilde Pfefferminze«, handelt es sich genau genommen um drei Schwestern aus derselben Pflanzengattung. Die wilden Weiber sind schon uralt, haben sich allerdings bei uns bestens eingerichtet.

Generell fühlen sich alle drei am wohlsten auf feuchten stickstoffreichen Böden, können aber auch gut mit trockeneren Gefilden umgehen. Die Wasserminze, vom Duft her die zarteste, liebt ihrem Namen nach Ufer, Gräben, Nass- und Moorwiesen als Standort. Die Ackerminze hat sich mehr dem Land zugewendet, siedelt mit Vorliebe neben landwirtschaftlichen Flächen. Die Rossminze hingegen, die wohl bekannteste Vertreterin aus diesem Trio, legt sich da erst gar nicht fest.

Vom Aussehen her unterscheiden sich die drei in der Blütenanordnung und, bei genauerem Hinsehen, auch hinsichtlich ihrer Blätter. Die Ackerminze besitzt kleine Blütenkränze, rund um den Stängel und die Blattabzweigungen angeordnet; ihre Krone dagegen ist blütenlos.

Die Wasserminze hat die helleren Blätter, ihre Blüten sitzen oben am Stängel, rundherum als Schopf, und sie kühlt ständig ihre Füße im Wasser. Bei der Rossminze stehen die Blüten kurz gestielt in Scheinähren am Ende des Stängels. Die Blütenfarbe variiert von hellrosa über lila bis violett; die Blütezeit erstreckt sich von Juni bis fast Oktober. Das aber sind fast reine Äußerlichkeiten. In Sachen Inhaltsstoffe, Heilwirkung und Geschmack nämlich ist das Trio unzertrennlich. Also reden wir im Weiteren frech von »der Minze«.

Historisch gehört die Minze zu den ältesten Heil- und Ritualpflanzen der Menschen. Die wichtigsten Hüter der keltischen Mythologie, die Druiden, sahen die Minze als heilige Pflanze an. Sie war das Symbol für Reichtum und Glück. Die Römer trugen bei Trinkgelagen Kränze aus Minze um den Kopf, um dem vorhersehbaren Kater zu entgehen. Bei Festlichkeiten bestreute man den Boden mit Minze, um die Esslust der Gäste anzuregen.

Aber auch um den medizinischen Aspekt wusste man schon damals – das frische Kraut stärkt nämlich Körper und Geist gleichermaßen.

Von fast trocken bis feucht und nass, von lehmig bis sandig besiedelt die Minze fast alle Böden: Feuchtwiesen, Bachufer, Waldwege.

Durch Inhaltsstoffe wie Flavonoide, Gerbstoffe, ätherische Öle und Menthol wirkt die Minze u.a. keimtötend, krampflösend, schmerzstillend, entzündungshemmend, erkältungslindernd, verdauungsfördernd.

Dass die vielen Minzearten, zusammengefasst unter der Bezeichnung »Grüne Minze«, allesamt der Gesundheit dienlich sind ist schon seit grauer Vorzeit bekannt. Für einen Tee etwa 1 EL abgezupfte Blätter mit 1/4 l kochendheißem Wasser übergießen und 10 Minuten ziehen lassen. Dieser Tee beruhigt die Nerven und hilft auch sofort gegen Übelkeit.

Vorsicht bei Säuglingen, Kleinkindern und Schwangeren!
Minzöl nicht in die Nähe von Nase und Mund bringen, es kann die Atmung behindern, da die ätherischen Öle in zu großen Mengen Herzrhythmusstörung hervorrufen können.

Sammelzeit:

Juni bis Oktober; am besten in der Mittagszeit, da sich dann die ätherischen Öle besonders gut entfalten.

Achtung:

Eine einzige Minzeart, die Polei-Minze, darf nicht gesammelt werden. Diese Minze enthält das giftige Pulegon, das der Gesundheit nicht zuträglich ist. Glücklicherweise ist die Polei-Minze gut erkennbar: Ihre Blütenstände stehen in Etappen am blattlosen langen Stängel und die Blätter am Fuß der Pflanze sind viel kleiner als die Blätter anderer Minzearten.

Vogelbeere

Sorbus aucuparia

Keiner der zahlreichen anderen »Fruchtbäume« kann als Nahrungslieferant und Nistplatz so punkten wie die Vogelbeere, auch Eberesche genannt: Allein mehr als 63 Vogelarten leben genüsslich von ihren Früchten – neben zahlreichen anderen (Säuge-)Tieren und Insekten. Das heißt für uns Sammler: bescheiden sein und genügend »Lebenselixier« am Baum hängen lassen.

Ihre Artenbezeichnung »aucuparia« (»au« = avis = der Vogel; »cuparia« = capere = fangen) deutet darauf hin, dass die Früchte der Vogelbeere als probates Lockmittel beim Vogelfang dienten – sozusagen die Kehrseite der Medaille.

Der Vogelbeerbaum ist von elegant-schlankem Wuchs. Die fiedrigen Blätter sind oben sommergrün und auf der Unterseite graugrün und haarig – wunderschön präsentieren sie sich im Herbst mit einer gelb- bis dunkelroten Färbung.

Die weißen Doldenblüten geben einen unangenehmen Geruch ab, der allerdings viele Insekten anlockt. Die leuchtend roten Beeren sind botanisch gesehen Apfelfrüchte, die gewöhnlich drei Samen enthalten.

Ab Herbst bis tief in den Winter hängen sie zur Freude der Tiere in Büscheln an den Ästen; uns Menschen schmecken die Früchte dann allerdings nicht mehr.
Wie viele ihrer »Baumgenossen« steht die Eberesche seit Jahrtausenden in dem Ruf, magische Kräfte zu besitzen. Bei den Germanen war sie dem Gott Thor geweiht, weil sie einst Thor aus einem reißenden Fluss gerettet haben soll, indem sie ihm ihre Äste zum Heraushangeln hinstreckte. Bei den Kelten zählte sie – wie die Walnuss – zu den Lebensbäumen und heilige Stätten wurden oft mit einer Vogelbeere bepflanzt, weil sie vor Blitzschlag, bösen Geistern und Hexen schützte. In einem Grab aus der Bronzezeit fanden Archäologen neben Tierknochen auch Reste eines Ebereschen-Zweiges, vermutlich als Mittel zur Zauberabwehr. Berühmtheit erlangt hat die Vogelbeere als wichtiger Bestandteil des aus dem Fichtelgebirge stammenden Magenbitters »Sechsämtertropfen«.

Die Vogelbeere ist in der Küche ebenso vielseitig verwendbar wie in der Heilkunde: Ob süße oder herbe Geschmacksrichtung, sie bietet ein wahres Potpourri an Möglichkeiten – lediglich etwas Fantasie ist gefragt!

Sie ist anspruchslos und gedeiht fast überall. Wir finden sie an Hecken und Waldrändern sowie in Laub- oder Nadelwäldern.

Roh verzehrt enthalten die Früchte Parasorbinsäure, die zu Magenunverträglichkeit führen kann; durch Kochen wird diese aber abgebaut und die Beeren sind dann gut verträglich. Inhaltsstoffe: hoher Vitamin C-Gehalt, des Weiteren Provitamin A, Sorbit (das ist ein Zuckeraustauschstoff, wichtig für alle Diabetiker), Pektin, Bitterstoffe, ätherisches Öl. Früher kamen die Früchte bei Sängern zum Einsatz, denn sie sollen hilfreich bei Heiserkeit sein und die Stimmbänder vor zäher Verschleimung schützen. Noch heute lindern sie aufgrund ihrer Bitter- und Gerbstoffe Probleme des Verdauungssystems. Und auch bei Bronchitis und Lungenbeschwerden hilft frisch gepresster Ebereschen-Saft mit Honig.

Sammelzeit:

Die Früchte sind pflückreif ab August bis weit in den Herbst hinein.

Wiesen-Pastinak

Pastinaca sativa subsp. sativa var. pratensis

Der volkstümliche Name »Germanen-Wurzel« verrät, wie lange man die Pastinake bereits kennt. Im Römischen Reich gehörte sie zu den beliebtesten Wurzeln; Apicius, der wohl bekannteste Feinschmecker und Koch seiner Zeit, verwendete die Pastinake in vielen seiner Gerichte, denn sie überzeugte mit hervorragendem Aroma. Man nennt sie auch die »welsche Petersilie«, weil sie auf den ersten Blick der Petersilienwurzel ähnelt. Bei genauerem Hinschauen aber erkennt man, dass die Pastinake einen dicken Rand um den Stängelausgangsbereich aufweist – da lässt sich nichts verwechseln!

Die aromatische Wurzel verlor in den letzten Jahrzehnten sehr an Bedeutung, schuld daran war die Übermacht von Möhren und Kartoffeln. Zunehmend aber gelangt sie in letzter Zeit wieder zu neuen Ehren in der modernen Küche, nicht zuletzt aufgrund ihrer vielseitigen Verwendbarkeit. Auf der Wiese fällt die krautige Pflanze mit ihrer Wuchshöhe von oft gut 1 Meter durchaus auf – ebenfalls durch ihren aromatisch-süßlichen Duft, der entfernt ein wenig an Fenchel erinnert.

Die Blätter sitzen an kantigen behaarten Stängeln, sind einfach gefiedert, oben dunkelgrün und glatt, auf der Unterseite zart filzig und hellgrün. Im unteren Teil der Pflanze haben sie eigene kurze Stiele, weiter oben wachsen sie direkt an den Stängeln. In der Blütezeit im Sommer entwickeln sich große acht- bis zehnstrahlige Dolden, die uns goldgelb zuwinken. Die Samen sind flach, oval und linsenförmig. Die beachtliche Wurzel ist nur im ersten Jahr der zweijährigen Pflanze genießbar, danach wird sie zäh und geschmacklos.

Der Wiesen-Pastinak liebt basische, kalkreiche und stickstoffhaltige Böden. Wir finden ihn an Wegrändern, Wiesen, Böschungen, Steinbrüchen und manchmal sogar auch an Eisenbahngleisen.
Als besonders schlau und erfinderisch in Sachen Ansiedlung erwies er sich im Zuge des Ökolandbaus: Auf den kultivierten Pastinaken-Feldern mogelte sich der wilde Geselle einfach dazu.

Die Samen wurden gegen Magenbeschwerden gegessen und sind harntreibend. Die Wurzel wird allein schon wegen ihres geringen Nitratgehaltes als Babynahrung püriert verwendet; sie enthält viele Mineralien wie Kalium, Eisen, Folsäure, Vitamin C und Proteine.

Ob süße oder eher herbe Geschmacksrichtung: Die Pastinake lässt sich auf vielfältige Weise zubereiten. Die Wurzeln munden als Püree und (Suppen-)Gemüse, gebacken als Chips, gerieben als Salatbeigabe und sogar als süßer Sirup. Die Blätter punkten als Würzkraut oder im Pesto. Die Samen eignen sich wie Kümmel als Würze.

Sammelzeit:

Die Blätter vor der Blüte, also spätes Frühjahr bis Sommer; die Wurzel ab Spätherbst bis zu den ersten Winterfrösten; die Samen nach der Blütezeit.

Dost, der wilde Majoran

Origanum vulgare

Quendel, der wilde Thymian

Thymus serpyllum

Beide Wildkräuter hingen schon im Mittelalter vereint in einem Kranz an Türen und Fenstern. Und erfüllten dort zwei wichtige Funktionen: Der Quendel holte das Glück ins Haus, während der Dost seinerseits aufpasste, dass weder Neider noch finanzielles Ungemach die Türschwelle passierten. Gemeinsam stellten sie sozusagen die Schutzwache. Zu Sträußen aufgehängt, besaß der Dost zudem eine große Kraft gegen Hexen und Teufel; verbrannte man ihn trocken im Ofen, war das Haus vor Blitzschlag sicher. So glaubte man zumindest früher …

Beide wirken auf Magen, Darm und auch auf den Kopf beruhigend, wie schon Hildegard von Bingen sehr ausführlich zu beschreiben wusste. Getrocknet ergeben beide aromatische Gewürze, die sich luftdicht verpackt den ganzen Winter über halten und bis zur nächsten Ernte in der Küche einbringen lassen.Trotz dieser kraftvollen Seelenverwandtschaft besitzt jedes Kraut einen ureigenen Charakter und auch dessen Verwendungsmöglichkeiten in der Küche unterscheiden sich – deshalb behandeln wir die beiden hier separat.

Der wilde Majoran: »Der Sorgenabwender«

Der Dost (oder auch: Oregano) ist wie sein Kumpel ein großer Sonnenanbeter, Wärme und Trockenheit liegen ihm. Er wird im Unterschied zum Quendel allerdings manchmal stolze 50 Zentimeter hoch, besitzt oft einen roten behaarten Stängel. Der wilde Majoran blüht rot bis violett, sehr ansehnlich. Die kleinen Blüten sind in Büscheln an den Enden jedes Zweiges angeordnet. Auch bei diesem Gesellen ist der aromatische Duft beim Reiben der Blüten und Blätter unverwechselbar.

Man findet den Dost an steinigen Böschungen, an südlich ausgerichteten Wiesen und Waldhängen.

Wie der wilde Thymian hilft auch der wilde Majoran gegen Verdauungsbeschwerden, Appetitlosigkeit und Durchfall. Seine krampflösende Wirkung verdankt er ebenfalls seinen Inhaltsstoffen: den Gerbstoffen, Bitterstoffen, ätherischen Ölen und dem Thymol.

Vorsicht in der Schwangerschaft! Während dieser neun Monate sollten wilder Thymian wie auch wilder Majoran nur in äußerst geringen Mengen genossen werden. Bedingt durch die krampflösende Wirkung kann er leicht wehenfördernd wirken. Der Quendel ist ein sehr genügsamer niedriger Kräutervertreter und blüht je nach Standort von Mai bis spät in den Herbst. Die Blätter sind klein und sitzen an fast holzigen Stängeln, die wiederum an ihren Enden mit kleinen Blüten von hellrosa bis pink geschmückt sind, manchmal kugelig bis ährenförmig.

Sammelzeit:

Am besten in der trockenen Mittagszeit, da entfaltet sich das Aroma am intensivsten. Zum Trocknen erst in die Sonne hängen und anschließend zum gut Durchtrocknen in den Schatten legen. Frische Blätter sind am zartesten vor der Blüte. Ansonsten eignet sich das ganze Kraut von Juni bis in den Herbst hinein.

Mein Tipp:

Seine wichtigste Aufgabe im kulinarischen Bereich: das Würzen der Pizza, da ist er unschlagbar, genau wie der Majoran. Frische Blätter eignen sich als Salat- und Gemüsewürze sowie als Beigabe zu Reisgerichten.

Der wilde Thymian: »Der Glücksbringer«

Beim Zerreiben des wilden Thymians steigt einem ein unvergleichlich würzig-aromatischer Duft in die Nase. Beim Sammeln verwendet man am besten eine Schere, um die zarten Wurzeln nicht zu beschädigen, die nah der Oberfläche den Boden durchziehen. Sein Geschmack ist leicht bitter bis zitronenartig. Dafür sind die vielen wohltuenden Inhaltsstoffe verantwortlich – wir wissen aus eigener Erfahrung, dass eine etwas bittere Note unserem Magen meist gut tut.

Bereits in der Antike kannte man die vielfältige Heilwirkung des Quendels. Und die Germanen weihten das Kraut gar Freya, ihrer Göttin der Liebe, Fruchtbarkeit und Ehe, weil es nämlich den Frauen Gutes tat. So betrachtet denn auch die Volksheilkunde den wilden Thymian als »Frauenkraut«: Durch seine krampflösende Eigenschaft vermag er Menstruationskrämpfe zu lindern; man sagt ihm sogar nach, die Geburt zu erleichtern und den Zyklus regulieren zu können. Dieses Wissen nutzte und erweiterte auch Hildegard von Bingen.

Trockene und steinige Plätze, wo die Sonne die Erde wärmt, sind das bevorzugte Revier des wilden Thymians.

Bei Problemen mit der Verdauung hilft der Quendel mit den Inhaltsstoffen Thymol und diversen Gerbstoffen. Seine ätherischen Öle, Bitterstoffe und Flavonoide machen ihn so vielseitig in der Anwendung. Auch bei Hautkrankheiten bringt er Erfolge.

Das sehr kräftige Kraut, vergleichbar etwa mit dem »Kulturbruder« Thymian, wirkt verdauungsfördernd bei schwer im Magen liegenden Gerichten. Es macht sich gut in Suppen und Gemüsen, als Salatgewürz und in Kräutersaucen. Berühmt sind die von Hildegard von Bingen kreierten Kekse gegen die Vergesslichkeit.

Sammelzeit:

Je nach Wetterlage von Mai bis in den späten Herbst. Blätter und Blüten kann man wunderbar trocknen und im Winter verwenden.

Rotbuche

Fagus sylvatica

Das »Rot-« vorneweg signalisiert die botanisch korrekte Schreibweise, umgangssprachlich reden wir einfach von »Buche«. Und diese ist unfassbar alt: Es gab sie hier schon vor der letzten Eiszeit. Nur »kurz« wurde sie von der Kälte in südlichere Gefilde zurückgedrängt, bevor sie in der späteren Warmzeit zur europaweit häufigsten Waldbaumart heranwuchs.

In der Mythologie spielt die Buche kaum eine Rolle, diesen Part überlässt sie großzügig Eiche & Co. – ein eindeutiges Zeichen von Altersweisheit! Stattdessen hat sie fleißig gewirkt als Namenspatin: Schönbuch, Bukowina, Bochum, Bocholt ... Und auch das Wort »Buchstabe« deutet darauf hin, dass die ersten Schriftzeichen in unserer Region in Buchenrinde geritzt wurden.

Schon im Mittelalter nutzte man die Buche sowohl als vielseitigen Nahrungs- wie auch als willkommenen Brennstofflieferanten. Und auch wir goutieren neben ihrem Holz die zarten jungen Blättchen und – wie die Wildtiere – vor allem ihre Früchte, die Bucheckern, die in einem holzigen stacheligen Fruchtbecher sitzen, der sich zur Reifezeit vierteilig öffnet.

Dann fallen die dreikantigen braunen Nussfrüchte auf den Boden und die Sammelzeit beginnt. Es ist zugegebenermaßen etwas mühselig, diese kleinen »Dreiecke« vom Boden zu klauben. Und noch ein kleines Handicap: Roh sollte man nur einige wenige Bucheckern essen, denn sie enthalten Fagin, ein Blausäure-Glykosid, und viel Oxalsäure, was zu toxischen Reaktionen führen kann. Vor dem Verzehr kurz geröstet, verliert sich der Blausäureanteil und die Früchte sind danach vielseitig verwendbar.
Eine weitere Eigenwilligkeit der Rotbuche, durch die sie zugleich ihr Überleben sichert: In manchen klimatisch guten Jahren – den sogenannten Mastjahren – produziert sie Früchte im Überfluss, mehr, als die Wildtiere aufzufressen vermögen. Der Boden ist dann bedeckt von einem kantigen Früchteteppich.

Die Rotbuche liebt ausgewogene Standorte mit lichtem Schatten und nährstoffreichen Böden. Extreme wie Staunässe und Dürreperioden mag sie nicht. In ausgeprägten Buchenwäldern verdrängt sie andere Baumarten.

Die essbaren Blätter der Buche wurden schon im Mittelalter als entzündungshemmend erkannt und deswegen bei Zahnfleischbeschwerden gekaut und als Wundauflagen bei Vereiterungen benutzt. Buchenholzkohle kaut man heute noch bei Magen- und Darmproblemen.

Buchenkeimlinge und Buchenblätter ergeben feine Salatzugaben. Bucheckern finden vielfältige Verwendung in Suppen, Salaten, Kuchen, Süßspeisen, Schnaps und Likör.

Die Bucheckern müssen von der kantigen Schale befreit, dann gewaschen und getrocknet werden: 100 Bucheckern ergeben 1 Handvoll; 100 geschälte Bucheckern wiegen circa 20 Gramm.

Sammelzeit:

Die zarten Triebe Anfang April, wenn sie aus der Erde sprießen; die jungen frischen hellgrünen Blätter April bis Mai; die Bucheckern ab Oktober.

Gemeiner Wacholder

Juniperus communis

»Vor dem Holunder zieh den Hut, vor dem Wacholder geh in die Knie.« – Bei den Germanen galt der Wacholder als heilig aufgrund seiner Heilkraft, »Würde« und Würze; an der Heimstatt von Mensch und Tier aufgehängte Zweige dienten der Abwehr alles Bösen. Und auch in Grimms Märchen kommt der Machandelbaum – so der volkstümliche Name des Wacholders – als Lebensbaum mit viel Kraft und tiefgründiger Magie vor. Aufgrund seines meist säulenartigen Wuchses galt er zudem als Wächter zwischen Leben und Tod, was unmittelbar auf seine große Heilwirkung verweist.

Naturheilkundlich verwendet werden außer den Früchten die Nadeln, die Triebspitzen, das Holz und manchmal auch die Wurzeln. Nach unserem heutigen Wissen sollen Nierenkranke und Schwangere allerdings auf den Genuss von Wacholder verzichten. In unserer Küche kommen lediglich die blauschwarzen Beeren zum Einsatz, bei denen es sich – botanisch korrekt – eher um besonders geartete Beerenzapfen handelt.

Der Gemeine Wacholder ist zweihäusig, die Blüten wachsen auf den weiblichen Pflanzen. Aus diesen bilden sich innerhalb eines Jahres grüne Beeren, die erst nach zwei Jahren schwarzbraun und reif werden. So viel Zeit muss sein bei dieser intensiven Geschmacksbombe – das einzige Gewürz übrigens aus der Gruppe der Nadelhölzer und eins der wenigen überhaupt aus gemäßigtem, mitunter fast kühlem Klima. Kurzum: Gesundheit und Genuss gehen beim Wacholder eine überzeugende Allianz ein.

Der Gemeine Wacholder ist eigenwillig – er mischt sich nicht unter andere Gehölze. Er gedeiht auf mageren Weiden, an Felsen und an lichten Waldrändern, liebt trockene, basenreiche, kalkhaltige Böden und ist eine sogenannte Lichtpflanze.

Das heilende Potenzial des Wacholders reicht von der Verdauungsförderung über die Beseitigung von Harn- und Atemwegsproblemen bis hin zur Hilfe gegen Infektionskrankheiten – was schon Pfarrer Kneipp nutzte.

Die Inhaltsstoffe: hauptsächlich Gerb- und Bitterstoffe, Zucker sowie ätherische Öle, die den Bestandteil Terpinen-4-ol aufweisen, der für den blumig-würzigen Geschmack zuständig ist und harntreibend wirkt. Wegen Letzterem sind Wacholderbeeren ausdrücklich für Nierenkranke und Schwangere tabu – die Nieren könnten allzu sehr belastet werden. Ansonsten aber hat sich Tee von Wacholderbeeren bewährt als Harnwegsspülung. Sirup aus Beeren ist bei bakteriellen Atemwegserkrankungen und Husten – bei Kindern wie Erwachsenen – sehr wirksam. Auch bei Gelenkschmerzen, Gicht und Muskelerkrankungen hilft der Wacholder.

Sammelzeit:

Die Beeren pflückt man im späten Herbst, wenn sie blauschwarz sind.

Mein Tipp:

Bei Appetitlosigkeit helfen Wacholderbeeren: Vor den Mahlzeiten fünf Wacholderbeeren kauen und der Appetit kommt bestimmt. Wacholderbeeren, meist getrocknet, spielen eine große Rolle in unserer Küche: als Würze und Marinade, in Saucen und Beilagen zu Fleisch, in Fisch- und Kohlgerichten.

Gemeine Hasel

Corylus avellana

Der Gattungsname »Corylus« (griechisch »korys«, der Hut / Helm) weist, bildhaft und nachvollziehbar, auf die helmartige grüne Fruchthülle der Nussfrucht hin. Botanisch gesehen handelt es sich bei der Frucht vom Haselstrauch um eine echte Nuss – die einzig echte. Die Gemeine Hasel ist einhäusig, das heißt, ein und dasselbe Exemplar trägt sowohl (männliche) Kätzchen als auch (weibliche) Blüten und ist als Frühblüher im Februar/März ein wichtiger Pollenlieferant für die Honigbienen. Immerhin braucht der Strauch fast zehn Jahre, bis er Früchte trägt.

Einen kleinen Wermutstropfen gibt es bei der Haselnuss: Sie ist sehr kalorienreich und kann Allergien auslösen, doch das ist den meisten Betroffenen hinreichend bekannt. Schon bei Steinzeitkulturen besaß die Haselnuss einen hohen Stellenwert im Nahrungsbereich – darauf lassen zumindest archäologische Funde schließen. Die Zweige der Hasel waren zudem oft Bestandteil heidnischer und christlicher Grabbeigaben. Der fedrige biegsame Haselstrauch galt als Friedensbringer, als Symbol für Frühling, Neuanfang und Unsterblichkeit – und er brachte Glück, vor allem in der Liebe.

Im Volksglauben stand der Haselstrauch mit seinen »erotischen« Nüssen im Ruf, die menschlichen Triebe anzuregen und die Fruchtbarkeit zu befördern. »In die Hasel gehen« hieß früher: ein amouröses Stelldichein genießen – reichlich Nachwuchs inbegriffen. Die Nachtigall, die nur zur Paarungssuche ihr Lied trällert, sang laut einem alten Volkslied nicht auf dem Tannenbaum, sondern in der Hasel. Gemahlene Haselnüsse galten als Aphrodisiakum und der griechische Arzt Dioscurides empfahl die Nuss gegen Potenzstörungen. Hildegard von Bingen hingegen war der Hasel nicht sehr zugetan – just wegen ihrer »wollustbefördernden« Komponente.
Die energetische Kraft der Haselnuss manifestiert sich in der Wünschelrute, diese soll Kraftströme fließen lassen sowie Wasser- und Erdstrahlen ableiten.

Der Haselstrauch bevorzugt sommerwarme Lagen mit feuchten lockeren Böden in lichten Wäldern, an Waldrändern und Feldhecken. Als überzeugte Lichtpflanze nimmt er aber auch leichten Schatten in Kauf. Nährstoffarme, rein sandige oder auch saure Böden verschmäht er.

Die Haselnuss besitzt außerordentlich hohe Vitaminanteile, und zwar in den Bereichen B, C und E, zudem viele Minerale wie Calcium, Eisen, Kalium, Natrium und Phosphor und ist reich an Fettsäuren. Sie wirkt lindernd bei Husten und Lungenentzündung. Die jungen Haselblätter, als Tee zubereitet, wirken blutreinigend und fiebersenkend.

Trotz des nachgewiesenen Kalorienreichtums gibt es sonst fast nichts, das uns vom Genuss abhalten sollte. Ob roh, geröstet als Knabberei oder zu Brotaufstrich verarbeitet, schätzen Alt und Jung die Haselnuss. Verschiedene Ölmühlen gewinnen inzwischen Speiseöl aus den gehaltvollen Früchten. Außer der Gemeinen Haselnuss gibt es noch die rotblättrige Bluthaselnuss oder Lambertusnuss sowie die Baumhasel oder Türkische Hasel. Diese Nüsse unterscheiden sich äußerlich, sind aber ebenfalls essbar.

Sammelzeit:

Die Früchte fallen, wenn sie reif und braun sind, zu Boden. Man kann sie aber auch zur Erntezeit im September/Oktober gut direkt vom Strauch pflücken. Nur die harte Außenschale muss geöffnet werden, das erfordert in der Natur etwas Findigkeit.

Schlehdorn

Prunus spinosa

Der Schwarzdorn – ein weiterer Name dieses für Wildtiere sehr wichtigen Strauches – gesellt sich gern zum Weißdorn. Beides sind sparrige Gesellen, die sich aber gut unterscheiden lassen: Der Schlehdorn entwickelt bereits im frühen März bis hinein in den April üppige zart nach Mandeln duftende Blütenkaskaden – eine wahre Schmetterlingsweide! Erst nach der Blüte sprießen dann die keilförmigen fein gezahnten Blätter. Beim Weißdorn hingegen verläuft es umgekehrt: erst die Blätter, dann die Blüte.

Nicht nur die Nist- und Brutplätze der Vögel werden durch die vielen Dornen der Schlehe – die Artenbezeichnung »spinosa« bedeutet stachelig – bestens geschützt. Auch unsere Vorfahren schätzten Schwarzdornhecken als wehrhafte Einfriedung ihrer Heimstätten und Schutz gegen wilde Tiere, Dämonen und Hexen. Kernfunde belegen die Verbreitung der Schlehe in Mitteleuropa bereits für die Jungsteinzeit.

Ihren Namen verdankt sie vermutlich der Fruchtfarbe, abgeleitet von dem indogermanischen Wort »(S)li« für »bläulich«; im Althochdeutschen wurde daraus »sleha«, im Neuhochdeutschen »slehe«.

Man vermutet, dass Mirabellen, Pflaumen, Reneklauden und Zwetschgen vor langer Zeit aus Kreuzungen von Schlehen und Kirschpflaumen entstanden sind. Die Schlehe jedenfalls existierte schon zur Pfahlbautenzeit in Mitteleuropa und gilt somit als Vorfahrin der Pflaume, zumal auch ihr Aroma dem der Pflaume ähnelt.
Als es noch keine computergestützten Wettervorhersagen gab, war der Schlehdorn für die Bauern ein wichtiger Anzeiger der künftigen Wetterentwicklung: Man zählte die genaue Anzahl Tage zwischen der vollständigen Blüte und dem 23. April, dem Georgitag, und legte anhand dessen dann die besten Tage für die traditionell um den 25. Juli herum, den Jakobitag, stattfindende Getreideernte fest.
Nach der üppigen Blütenpracht entwickeln sich grüne Steinfrüchte, die sich mit zunehmender Reife dunkelblau bis schwarz färben. Die Schlehdornfrucht ist sauer und herb, nach dem ersten Winterfrost aber wird sie schmackhafter und für uns »kochtechnisch« interessant. Die Schlehe besitzt dann solch ein herrliches Aroma, dass man die etwas mühsame Prozedur des Kernauslösens gerne in Kauf nimmt.

Bevorzugt werden sonnige Plätze, ob nun steinige Böden, felsige Hänge, kalkhaltige Weg- sowie Waldränder. Am wohlsten fühlt sich der Schwarzdorn in der Gesellschaft von Weißdorn, Berberitze, Haselnuss und auch Wildrose.

Die Inhaltsstoffe der Blüten und Früchte – wie Vitamin C und B, Flavonoide, Bitter- und Gerbstoffe, Säure und Pektin – wirken leicht abführend, adstringierend, fiebersenkend und entzündungshemmend und helfen bei Blasen- und Nierenproblemen. Ein Aufguss aus getrockneten Blüten ist auch bei Kindern gut einsetzbar gegen Durchfall und Magenbeschwerden.

Eine Delikatesse zu Wild- und Rindfleisch sind süßsauer eingelegte Schlehen. Dazu benötigen wir 500 g Schlehen. 1/8 l Weinessig, 1/4 l Wasser, 250 g Zucker, 1 Prise Zimt und einige Nelken bei schwacher Hitze aufkochen und dann über die Schlehen gießen. Dreimal den Saft abgießen, danach wieder aufkochen und wieder über die Schlehen geben. Dann alles in Schraubgläser füllen. Diese geschmacksintensive Zubereitung hält sich bis zur nächsten Ernte.

Sammelzeit:

Die Blüten von März bis April; die Früchte nach dem ersten Frost bis in den Winter hinein.

Mein Tipp:

Bekannt sind alkoholische »Muntermacher« wie Schlehenbrand und -punsch. Doch auch in Marmeladen, Chutneys, Kuchen oder Säften findet der Schlehdorn sein Plätzchen.

Edelkastanie

Castanea sativa

»Igelnuss« nannten wir Kinder die stachelig bewehrten Früchte der wilden Esskastanie. Doch wohlweislich ließen wir die Finger von ihnen; stets versuchten wir die geschlossenen Fruchtbecher mit den Schuhspitzen zu knacken, um so ohne Blessuren an die begehrten Früchte zu kommen. Der »Schuhtrick« funktionierte bestens, die »Igelnüsse« platzten auf, wir sammelten eifrig und wurden dafür zu Hause mit im Ofen gerösteten Kastanien belohnt.
Die deutsche Bezeichnung »Kastanie« leitet sich her aus der lateinischen Gattungsbezeichnung »Castanea« und aus dem mittelhochdeutschen »Kestene«. Sowohl Wildform als auch Kulturform der Edelkastanie – wie ihr deutscher Name botanisch korrekt lautet – sind nicht zu verwechseln mit der Rosskastanie. Letztere ist nicht essbar, nur das Stachelkleid haben beide gemeinsam. Die kultivierte Form der Esskastanie »firmiert« auch als Mar(r)oni oder Marone und ist um einiges größer als ihre wilde Schwester.
Die Edelkastanie gehört zur Familie der Buchengewächse. Ihre Blätter erscheinen sehr spät – erst Anfang Mai –, erreichen dann aber Längen von bis zu 20 Zentimetern. Sie sind tiefgrün glänzend, an den Seiten kantig gezähnt und die Zähne enden in einer kleinen Spitze.

Wenn die Kastanie erst einmal in vollem Blätterkleid steht und sich die beeindruckenden Blütenstände und später im Jahr die stachelig-grünen Früchte zeigen, dann gibt sie ein prächtig-imposantes Bild ab. Ihre nach dem Rösten köstlich-süßen Früchte sind übrigens botanisch gesehen echte Nüsse. Für die Verbreitung der »Plumpsfrüchte« (sie plumpsen nach der Reife einfach zu Boden) sorgen Waldtiere wie Siebenschläfer, Eichhörnchen, Krähen oder Häher. Die heruntergefallenen Früchte keimen im nächsten Frühjahr. Vom Aussamen bis zur Erntezeit können bis zu 35 Jahre vergehen.

Vom Römer Apicius sind zahlreiche Kastaniengerichte überliefert. Im frühen Mittelalter galten die Früchte der Esskastanie als wichtiges Grundnahrungsmittel. Und Hildegard von Bingen soll gar gesagt haben: »Alles von diesem Baum ist nützlich gegen jede Schwäche, die im Menschen ist«. Wie so oft bei den Wildpflanzen besteht auch hier zwischen Genuss und Heilwirkung ein ausgewogenes Miteinander.

Die Edelkastanie ist ein Lichtbaum. Sie liebt zudem mollige Wärme und ausgeglichene Regenperioden. Auf zu viel Trockenheit oder zu viel Nässe reagiert sie allergisch und verweigert dann die Fruchtbildung. Genauso bringen Spätfröste ihren Zeitplan durcheinander. So findet man die Esskastanie am ehesten dort, wo ein relativ gleichmäßiges Klima herrscht. Hat sie erst einmal ihren Platz gefunden, dankt sie es viele Jahre mit köstlichen Nüssen.

Im Vergleich zu anderen Nüssen besitzt die Esskastanie einen höheren Kohlenhydrat- und einen geringeren Fettanteil. Der Gehalt sowohl an essenziellen Aminosäuren als auch an Linol- und Linolinsäure ist beachtlich. Vitamin A, B1 und B2 sowie viel Kalium werten sie weiter auf. Hinzu kommt ein Riesenplus: Die Frucht ist glutenfrei und kann somit bestens als Getreideersatz für Patienten mit Zöliakie verwendet werden.

Sammelzeit:

Je nach Wetterlage reifen die stacheligen Früchte von Anfang bis Ende Oktober. Dann fallen sie vom Baum und lassen sich gut sammeln.

Mein Tipp:

Für glasierte Esskastanien benötigen wir 400 g gekochte Maroni, 4 EL Butter, 4 EL Zucker, eine Prise Salz und Backpapier. Die Maroni schälen, in einer Pfanne die Butter mit dem Zucker schmelzen und die Maroni darin gut schwenken, bis sie rundherum von der Zuckerglasur überzogen sind. Herausnehmen, leicht salzen und auf Backpapier auskühlen lassen.

Beifuß

Artemisia vulgaris

Der Gemeine Beifuß sieht auf den ersten Blick eher unauffällig aus, kommt recht bescheiden farblos daher. Obwohl von seiner Statur her deutlich in die Höhe strebend und hinsichtlich seines Vorkommens sehr zahlreich, wandert unser Auge oft über ihn hinweg und bleibt an auffälligeren Pflanzen hängen. Dabei kann der auch als »Weiberkraut« bekannte Korbblütler beachtliche zwei Meter hoch werden. Seine Stängel sind hart und kantig, die tief gezahnten Blätter außen dunkelgrün und auf der Unterseite weiß und filzig. Die Blüten erscheinen als kleine runde Knötchen in Rispen. Die Blätter der Gewürzpflanze schmecken vor der Blüte weniger bitter, leicht pfeffrig, ein bisschen nach Wacholder und etwas nach Anis.

Der Beifuß blickt auf eine imposante Vergangenheit zurück, die seine Gestalt fast heroisch erscheinen lässt. So gehörte er zu den wichtigsten Ritualpflanzen unserer Vorfahren. Doch trotz ritueller Anwendung seit Zehntausenden von Jahren ist keinerlei halluzinogene Wirkung nachweisbar. Was seiner Beliebtheit allerdings keinerlei Abbruch tat: Chinesen, Ägypter, Griechen, Römer, Germanen – alle verehrten sie ihn.

Das würzige Kraut fungierte zudem als »Bindeglied» zwischen den Lebenden, den Ahnen und der Götterwelt. Und an steinernen Monumenten aus der Epoche der Gotik sieht man das Beifuß-Blatt oft als Abschlussschmuck.
Man nutzt(e) den wilden Gesellen von Kopf bis Fuß, von der Blüte über die Blätter bis hin zur Wurzel. Und auch er stellt(e) – wie viele seiner Pflanzenkameraden – einen Teil seiner heilenden Kräfte in den Dienst der Frauen.
Aus all dem stammt auch die Erkenntnis: Was dem ganzen Körper gut tut, kann für den Magen nicht verkehrt sein. Oder anders gesagt: Ein Gesundheitseffekt verhilft manchmal sogar zu neuen Geschmackserlebnissen!

Die Inhaltsstoffe des Beifußes – Campher, ätherische Öle, Flavonoide, Cumarin, Säuren und Gerbstoffe – geben ein Spektrum an Möglichkeiten vor: von der Behandlung der klassischen Frauenleiden über den Einsatz als Krampflöser, bei Magen-Gallen-Problemen und bei »Nervenunruhe«. Sogar im Kampf gegen die Malaria wird der Wirkstoff Artemisinin erprobt.

An Weg- und Straßenrändern, auf Schuttplätzen und in Steinbrüchen.

Beifuß wird auch »Wilder Wermut« genannt. Wermut kann man selber einfach herstellen und benötigt dazu auf 1 l trockenen Weißwein 3 Beifußstängel, 3 Zitronenmelisseblättchen und 1 Pfefferminzblatt. Das Ganze verschlossen etwa 12 Stunden ziehen lassen, absieben und 1 TL Honig zufügen. In einer Flasche kühl aufbewahren. Dieser Aperitif wirkt anregend auf Leber und Galle.

Bei einer Pollenallergie gegen Ambrosia ist es angebracht, sich vom Beifuß fernzuhalten, da Ambrosia-Allergiker ebenfalls Probleme bei den Beifuß – Pollen bekommen.

Sammelzeit:

Die jungen Blätter vor der Blüte bis in den Mai; ansonsten das ganze Kraut bis hinein in den Herbst.
Die Wurzel erntet man im Spätherbst bis zum ersten Frost.

Die besten Erntezeiten für Wildkräuter & Blüten

Aus diesem Kalender ersehen Sie die früheste und die letzte Erntezeit; Angaben zu Blüten, Blättern, Früchten etc. finden Sie im Pflanzenporträt.

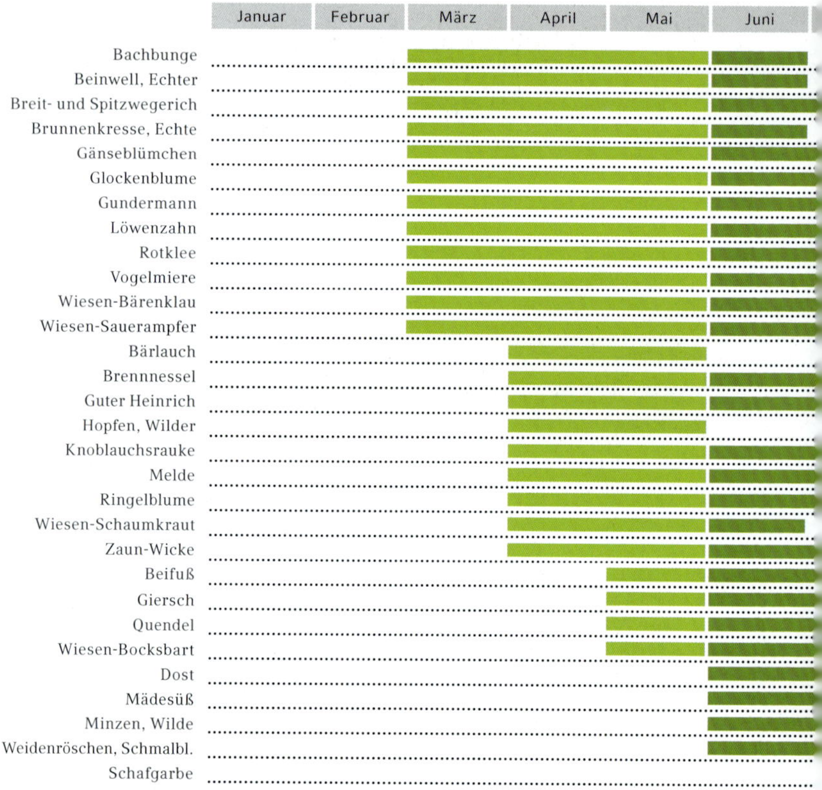

Erntekalender

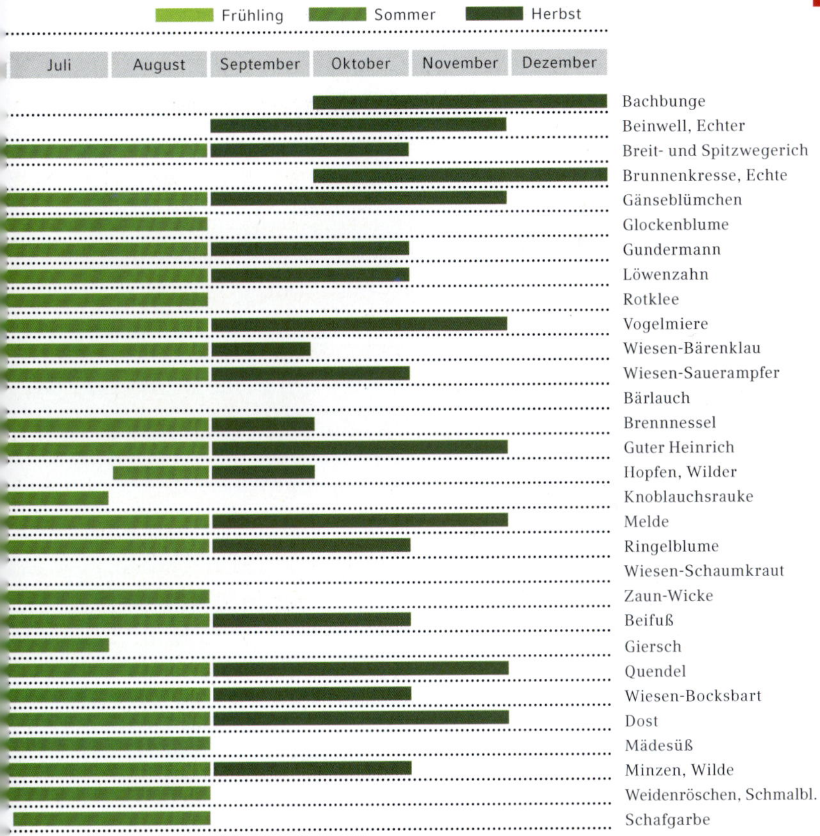

Die besten Erntezeiten für wilde Beeren, Früchte & Wurzeln

Aus diesem Kalender ersehen Sie die früheste und die letzte Erntezeit;
Angaben zu Blüten, Blättern, Früchten etc. finden Sie im Pflanzenporträt.

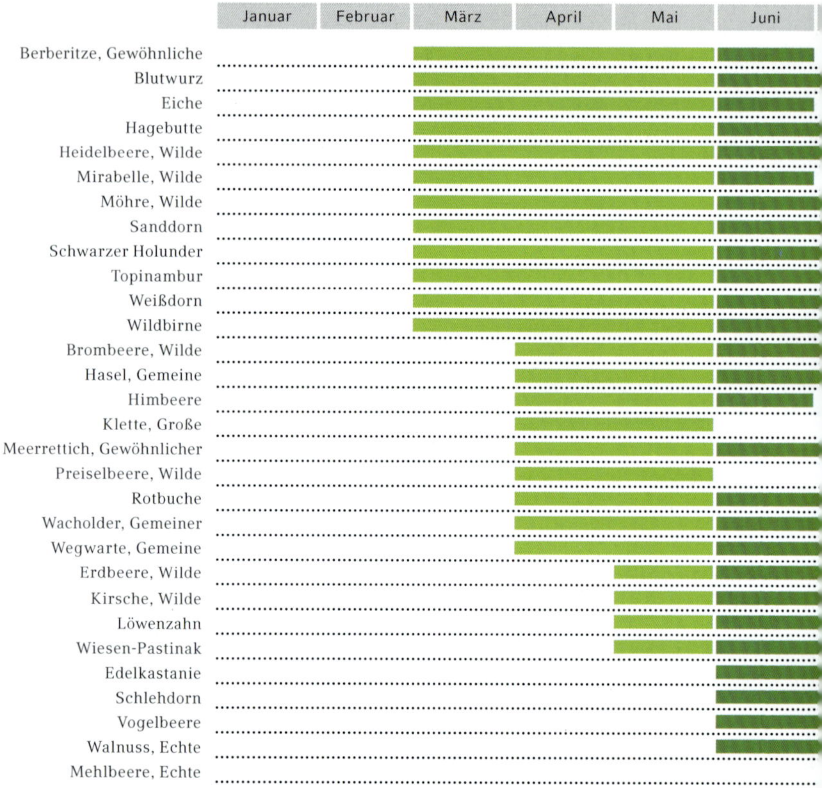

Erntekalender

Ätherische Öle

Ätherische Öle kommen in vielen Pflanzen vor, teils in den Blättern und Stängeln, teils in den Blüten. Sie sind fettlöslich, flüchtig und verdampfen bei starkem Erwärmen rückstandsfrei. Deshalb gibt man Gewürze und Wildkräuter, die ätherische Öle enthalten, erst kurz vor dem Anrichten in die Speisen. Allen gemeinsam ist ein antibakterieller Effekt. Und entweder reizen sie die (Schleim-) Haut oder sie besitzen eine leicht betäubende Wirkung. Sie wirken zudem auf das vegetative Nervensystem, beeinflussen heilsam Magen und Darmtrakt oder wirken heilend auf das Bronchialsystem.

Bitterstoffe

»Bitterstoffe« steht als Oberbegriff für verschiedene chemische Verbindungen, denen aber nur der bittere Geschmack gemeinsam ist. Sie wirken über die Geschmacksnerven im Mund und regen sowohl die Speicheldrüsen an als auch die Drüsen im Verdauungstrakt.

Flavonoide

Flavonoide sind durchblutungsfördernd, schweiß- und harntreibend. Zudem werden ihnen antioxidative Eigenschaften zugeschrieben. Sie wirken auch gegen Magengeschwüre, Leberleiden und andere Entzündungen.

Gerbstoffe

Gerbstoffe wirken zusammenziehend (adstringierend), entzündungshemmend, gegen Bakterien und Viren und neutralisieren zudem Gifte. Äußerlich angewendet, machen Gerbstoffe die Haut widerstandsfähiger; innerlich zugeführt, besitzen sie einen reizmildernden und heilungsbefördernden Effekt – allerdings sollten sie nicht dauerhaft über längere Zeit eingenommen werden.

Saponine

Saponine (vom lat. »sapo« = Seife) sind allgemein schleimlösend und steigern die Ausscheidungen der Körperdrüsen wie Leber und Nieren, sie wirken deshalb blutreinigend. Zudem werden stärkende entzündungshemmende und hormonstimulierende Eigenschaften beobachtet. Den Pflanzen selbst dienen die unterschiedlichen Glykoside als Schutz gegen das Gefressenwerden.

Schleimstoffe

Diese Substanzen schützen beispielsweise unsere Schleimhäute in den oberen Atemwegen und im Darmtrakt. Pflanzen mit Schleimstoffen dürfen nicht abgekocht werden, sondern sollten für eine Teezubereitung kalt angesetzt werden.

Vitamine

Unser Organismus braucht viele Vitamine. Im wilden Kraut sind die Vitamine in weit höherer Konzentration enthalten als in den Kulturpflanzen – und eben nicht nur in den Blättern und Blüten, sondern auch in den Früchten, Sprossen und Wurzeln.

Quellen, Literaturhinweise

verwendete/weiterführende Literatur:

Aichele, Dietmar: Was blüht denn da? Stuttgart 2008

Dreyer, Eva-Maria: Welche Wildkräuter und Beeren sind das? Stuttgart 2009

Edlin, Herbert L.: Bäume. Melsungen 1983

Fleischhauer, Steffen Guido/Guthmann, Jürgen/Spiegelberger, Roland: Essbare Wildpflanzen. Baden und München 2007

Graupe, Friedrich/Koller, Sepp: Delikatessen aus Wildkräutern, Das Wildpflanzen-Kochbuch. Wien 1992

Kremer, Bruno P.: Heilpflanzen. Stuttgart 2003

Panek, Norbert: Buchenwälder in aller Munde. Vöhl-Basdorf 2012

Pirc, Helmut: Wildobst und seltene Obstarten im Hausgarten. Graz 2009

Podlech, Dieter: Heilpflanzen. München 1987

Recht, Christine/Wetterwald, Max F.: Ernte am Wegrand. Stuttgart 2002

verwendete/weiterführende Websites:

www.gesundheit.de (Stand 17.11.2011)

www.heilkraeuter.net (Stand 23.11.2011)

www.kaesekessel.de (Stand 17.01.2012)

www.kraeuter-verzeichnis.de (Stand 19.01.2012)

www.wikipedia.org (Stand 14.03.2012)

www.wikipedia.org (Stand 03.07.2011)

Dank

Dieses Buch widme ich meiner Familie in großer Zuneigung.
Danken möchte ich, Usch von der Winden, der Mannschaft des Fackelträger Verlags für die gute und kooperative Zusammenarbeit an der »wunderbaren Papierarbeit«.

Impressum

Texte, Rezepte
Usch von der Winden, Wiesbaden

Fotos
Cornelia Renson, Photodesign, Wiesbaden

Gestaltung
Anne Wibke Korek, Dipl.-Designerin (FH), Wiesbaden

Textredaktion und Lektorat
Sabine Durdel-Hoffmann, Düsseldorf

Gesamtherstellung
Fackelträger Verlag GmbH, Köln

ISBN: 978-3-7716-4523-6
www.fackeltraeger-verlag.de